ANTONIN KOUDIATA

LETTRES

AU MONDE

DE LA TOURMENTE

Le Code de la propriété intellectuelle n'autorise que les copies ou reproductions strictement réservées à l'usage privé du copiste et non destinées à une utilisation collective (article L. 122-5) ; il autorise également les courtes citations effectuées dans un but d'exemple ou d'illustration. En revanche, toute représentation ou reproduction intégrale ou partielle faite sans le consentement de l'auteur ou des ayants droit ou ayants cause est illicite (article L. 122-4 du Code de la propriété intellectuelle). Cette représentation ou reproduction, par quelque procédé que ce soit, constituerait une contrefaçon sanctionnée par les articles L. 335-2 et suivants du Code la propriété intellectuelle.

© Antonin Koudiata, 2017

TABLE DES MATIERES

À mes actes manqués

AVANT-PROPOS

Quoi que je fasse, où que je sois, le seigneur est mon seul conducteur. Il a lu cet ouvrage et l'a jugé très bon. Je tiens à vous le dire de sa part. Peu importe l'issue de vos prochaines lectures, que j'espère, dieu voulant, éminemment nombreuses, gardez bien à l'esprit que dans la vie, comme en ces modestes pages, ce qui s'impose à nous n'est pas toujours ce que l'on croit. Et quand bien même nul ne peut douter qu'il croit, cette croyance qui s'impose à nous comme une évidence parait une hérésie à celui qui se doit quand ce n'est d'y souscrire, d'au moins la supporter. Sachez, ayez conscience qu'il y a plus de liberté que l'on croit dans sa résilience, plus de courage dans sa reddition, plus de crédit à sa disgrâce, pour ce qu'aucun des prétextes de notre allégeance ne l'oblige à se contenter de la part à laquelle nous le subordonnons.

Ce que j'ai voulu ici transmettre n'est que le soubresaut d'un inconscient chrétien quand il brise le Ça des églises qui l'évangélisent. C'est l'occasion d'un commentaire, d'une confession, des quelques plaids et quelques chants nourrissant la seule intention de persuader sans faire de peine qui parsèment cet ouvrage. Pensez bien que je désire ne rien rejeter des préceptes qui m'ont été un jour enseignés. Les valeurs que je porte sont de bon aloi. Cependant, je peine moi-même à concevoir de critique constructive de la condition humaine au cœur de nos églises qui n'en provienne nécessairement. En vertu de cela, qu'importe le blason de notre créateur, je m'érige en son nom, non pas pour la destruction des hérésies, mais pour la protection des hérétiques. Soyez – c'est là sa volonté – amenés dans la paix du seigneur à discuter votre doctrine, car vivre dans la question de l'autorité est le chemin vers la vérité.

En ce qui me concerne, j'ai douté. Je ne suis plus à un blasphème près. Et j'ai cependant dans la bouche toujours la même aigreur et dans le cœur, la seule anxiété que cet ouvrage représente l'apex de ma pensée et qu'à quelque endroit où en dedans débute mon trait, à peine tressée, elle se défasse ; qu'il vienne tout au mieux enfler vos étagères et au pire devenir la braise de vos bois. Bien des fois contre moi, j'angoisse à cette idée que mon souffle ne vous atteigne pas, voire pire, qu'il éteigne vos flammes et consume vos rangs ; de n'être pas lu ou mal compris ; d'être adopté mais vide de sens et sans aucun retentissement ; d'être porteur pour rien de votre humanité. Après tout, ce ne sont là que les considérations d'un reclus sur le monde qui l'entoure ; un monde qui, de l'au-delà du cadre de la fenêtre de sa chambre, trop hostile, l'a poussé dans son dernier retranchement. C'est, en somme, un amas de mes divagations.

Comme je regrette de n'apercevoir les supercheries qu'au fil des couvertures ; de n'entrevoir le vrai qu'au travers des couverts ; que toute certitude soit erronée ; que mes idées branlent inlassablement ; de n'être pas sûr de marcher de la façon la plus convenable, voire de n'être pas mort du moment que je marche ; de n'être pas certain que ce qui de moi vous parviendra sera la seule et l'unique, authentique et toute puissante, irréfutable vérité ; que ma conduite monacale ne relève que de la posture, et que les spasmes psalmodiques de mon esprit bouillonnant de fatigue ne s'acquittent trop tôt de leur pondération. Cependant, peu m'importent les déroutes et les doutes, j'ai bon espoir que ce flambeau embrasera vos cœurs, et vous comprendrez qu'au final, je n'ai rien que dévotion à votre égard.

Alors certes, il peut être ardu de lire entre les lignes de ma poésie. Cependant, je suis convaincu que ce qu'elle recèle d'inconvenance n'a cela que de vous. Pour en faciliter la compréhension, vous souffrirez sans doute de nombreuses relectures ou de quelques migraines. Je vous rassure néanmoins, mes mots sont tous alliés. Ils sont reliés, soit par le type, soit par le thème. Aucun ne va à l'encontre d'un autre, même quand leurs objets semblent se contredire. C'est que, mon sujet reste le même : trouver la voie de vous à moi. Pour les textes les plus obscures, je vous invite à consulter les notes en bas de page. Vous trouverez nécessairement, outre les autres références et précisions étymologiques ou à contrario néologiques, de nombreux plaidoyers qui ne manqueront pas d'éclairer les lectures assidues. J'ai taché de les rendre les plus exhaustives possible afin de ne limiter pour personne l'appréciation de cet ouvrage. Ce livre se lit à petit feu et se médite. C'est un jeu de l'esprit dont le but est de desceller la présence permanente d'un intertexte, écrit par le lecteur à mesure qu'il se découvre. C'est en cela qu'il se révèle. Aussi, je souhaite à mon lecteur, en plus de trouver ce qu'il cherche, de garder optimales – dans la mesure du possible – les conditions d'une lecture agréable.

CANTATES ET
CONTRE-POEMES

Éloge d'autrui

« Le corps de l'homme est infiniment plus grand que l'esprit qui l'habite »[1], mais l'étranger lui est supérieur. Nul n'est utile à l'homme sinon soi, mais l'étranger est autrement soi. Il nous est à la fois égal et dissemblable. Nul ne devrait passer avant soi, mais il s'octroie ce droit. Qui peut aimer son dieu[2] s'il abomine ce prochain[3] ? Qui saurait l'entendre, ce dieu, s'il ne peut saisir l'évidence qui s'impose à son regard ? Cette évidence, c'est autrui ! Un monde sans autrui est un monde sans le sens, car il ne sert à rien, sinon saisir autrui. En effet, nous devons nous saisir d'autrui. Embrassé des deux yeux, humé jusqu'à la lie, autrui doit nous dire oui. Il faut fleurer autrui, dont l'essence est profonde, et jouir de lui autant que l'on peut ; l'effleurer souvent pour le sentir toujours ; l'enserrer humblement dans les bras de son cœur. Parfaire ses sens, c'est parfaire sa relation au monde. Autrui est le monde qui se meut à notre échelle ; l'échelle d'autrui se déroule sur les merveilles du monde. Je vous le dis en vérité, nuisez à qui vous suit et vous choquez le créateur ;

---

[1] Sagesse orale d'Afrique

[2] La minuscule est présente dans l'ensemble de l'œuvre pour signifier que seul le vocabulaire est à proprement parlé judéo-chrétien, l'idée d'un *sensus divinatis*, c'est-à-dire d'un dieu supposément universel, étant ici mise à propos. C'est aussi par esprit d'à-propos, voire par un *sensus hominibus* qui ne dis pas son nom, que j'ai opposé aux hommes le même traitement. L'humanité est en ces traits une et loin de toute considération de genre.

[3] En théologie, selon la loi hébraïque, le prochain est la personne à qui l'on doit miséricorde et charité, parce qu'on l'estime autant que soi-même et inconditionnellement.

blessez autrui et vous balafrez le monde. Car dieu est en vous comme il est dans l'autre dans une mesure plus grande. Car par le nombre d'autrui et sa mesure, point n'est possible de plus grand soi. Il y a entre les rives qui serpentent le reflet du monde ; il y a dans le regard d'autrui le reflet de soi. Aussi je vous le dis, il faut chérir autrui à mesure que l'on s'aime et l'aimer, plus que de morale chrétienne, de l'amour véritable que le maître porte à l'univers. Nul ne saurait se faire peintre et modèle sinon le maître, mais combien même le maître se peint, c'est autrui qui tient le pinceau. Qui est l'autrui du maître ? Le monde est l'autrui du maître, l'état de maîtrise est pleine conscience du monde. Mais, qui est le maître qui a saisi le monde ? Le bienveillant saint homme, l'affable ventrière[4] qui accueille autrui dans sa maison, et le tient fermement en son cœur, celui-là se veut ami du monde. Autrui s'adonne à la table du maître et acquiert la maîtrise, pour devenir dans sa forme accomplie, à l'autre pleinement soi.

Mais un autre réside dans la maison du maître. On le nomme seul. Le seul est l'unique fils du maître. Il a le corps fin et le cheveu taillé. Il se regarde le nombril et se dit en son être comme il est agréable de demeurer singulier dans la maison de son père. Je vous le dis en vérité, celui qui se veut seul et uniquement soi se verra dîner dans la cuisine après les convives,

---

[4] *(Désuet)* « Sage-femme » Wiktionnaire *fr.wiktionary.org*. Web. 22 avril 2017

ou dehors avec les pourceaux, car il déplaît au maître. Comme il est de son sein, le maître le jugera avec plus de sévérité. Mais celui qui se parfait dans l'exercice de l'autre-soi consolide son être, et le maître aura pour lui un regard tendre et une grande affection. À la table du maître, où dînent les convives, on communie dans la fraternité et l'on s'adonne aux meilleurs loisirs ; tous, sauf l'unique. Quand il s'en vient, la communauté recule et se disperse. Il leur montre les trésors qu'il tient en sa main pour susciter leur désir et qu'ils se détournent de la table du maître, mais n'attache aucun regard, n'attise aucun désir, ne suscite aucun souhait. Car l'unique est celui qui seul possède, mais il ne comprend pas qu'il aurait encore s'il était à autrui avant d'avoir pour soi. L'unique veut le monde. Il le veut seul, il le veut sien. L'unique est le maître inconscient qui perd les disciples pour affirmer sa position. Il ne comprend pas qu'il est fou et que les convives se rient de lui. Pauvre du moi, il faudrait pour élever son âme qu'il meurt à son amertume. Il faudrait pour accoucher son esprit qu'il accepte de renaître et que tel l'enfant, il s'apprenne sainement.

Aussi je vous demande de demeurer ensemble et d'intercéder pour vos autres. Sacrifiez à votre ventre les plus beaux breuvages et les plus délicats mets. Et si le pain vous manque, que mangent les moins à même ; mais que tous travaillent. Car le lien qui unit les hommes et aussi précieux que la relation au créateur, et il est plus aisé, voire utile dans certains immédiats, de se lier à l'homme plutôt qu'au créateur. Car dans la paix et dans la peine, dans le gain comme dans la gêne, la main de dieu qui soutient la main de l'homme, c'est la main de l'homme.

Éloge de la table

Je préfère à l'église charognard, à cette instance morne qui s'ignore la moitié de son temps et se méprend tout le reste, à cette girouette qui ne sait le Nord parce qu'elle n'a de cesse de tourner sur elle-même, et qui reste muette au doux murmure de la rose des vents qui lui dit sa direction, je préfère à ces banquets frivoles, j'aime mieux à ces félicités, j'aime, dis-je, mieux à tous ces palais corrompus, mieux aux ballets et aux voiles, les agapes joviales, les dîners dans l'herbe, la cuisine sainte et saine de nos temples et sa plèbe. À l'heure où on y prend la table, on laisse parler d'autres sens, on s'exprime autrement. De la qualité des vins, du blanc de la vaisselle, de l'éclat des couverts, de la taille des écuelles, des mets qu'elles contiennent dépend notre verve, et du fleurit de l'air, de ses arômes et ses ornements, dépend notre engouement. Les femmes sont aux fours, les hommes à l'apéro, les enfants tout autour, alternant phases de rires et crises de sanglots. Puis, quand le repas est prêt, elles s'assoient à nos côtés, et c'est alors qu'elles nous honorent de leur présence que le dîner peut commencer. Ah, mes dames ! Votre plaisante compagnie ne dure jamais assez. Et devant des assiettes déjà vides, nous jouons des coudes ensemble aux lavabos, et frappons à votre avenir nos panses bedonnantes. Comme il est bon et agréable de demeurer dans ces maisons !

Certaines gens préfèrent dîner sans bruit. Il est vrai qu'on se considère plus justement quand le parler se tait et l'ouï se silence. À repas savoureux on est à son assiette dira-t-on, mais d'autres sont hautement bavards. Ils tapent du poing sur la table, concentrent les regards à l'endroit de leurs mains et de leurs mâchoires, parfois même mangent bruyamment, parce que c'est là où est leur âme. L'âme est dans le sang à l'endroit où il est le plus concentré. C'est autour de la table où on est le mieux dégourdi, c'est où l'on s'étend le mieux, que l'on s'entend le mieux. Et pour toutes ces raisons, je m'en viens retrouver, avec le même plaisir, des sains dîners sonores, loin des festins cannibales, loin des frivolités ornées de dentelles et des entourages incertains. Je m'en viens retrouver un endroit où les âmes se font et s'émulent, là où les idées se creusent et où se scellent les devenirs, à ces tables autour desquelles s'établissent les sièges, devant lesquelles on assoie les trônes et où se scellent les destins des nations.

De vous à moi

Je puis parler des heures de ces longues tablées ; en intégralité, si l'on ne m'y dérobe. J'y ai consigné moult merveilles et conté mille absurdités, ingérées par ma suite avec le même entrain, sans même soupçonner le nombre que je tais. J'y suis ancré par tous les pores depuis que tous ont retiré, sans vergogne mais avec soin, les protections qui m'empêchaient, et séparé des amauroses au rang desquels j'accusais. C'est ligoté tous les étés à cette modique assemblée, à mesure de diversité, que j'ai compris les écritures qui sous-tendent mon impudence et dont dépendent mes décrets ; que, par excès de prudence, j'ai pénétré tous les faussés de mon palais. J'ai succombé à l'inconnu doté des ailes dont l'éternel les a pourvus, et celui-ci, qu'ils m'ont dépeint, m'ait apparu sous des traits beaucoup plus courtois que ceux dont j'avais l'habitude. Celui-là, plus amical à force de les fréquenter, s'est avéré représenter leur volonté de partager. De vous à moi, ces choses tues, je ne les leurs dirais jamais ; elles les blesseraient profondément et je serais blessé de leur affectation ; parce qu'ils m'ont donné tant de choses : des maisons dans leurs villages et des lits dans ces maisons, des songes mieux illuminés et des plus candides réveils. De vous à moi, de toutes mes couches, les leurs furent les plus confortables. J'y ai laissé, en conséquence, avec aisance, mes insomnies les plus sournoises et mes cauchemars les plus étranges, sous leurs oreillers jolis gardiens des peurs de mon enfance. De vous à moi, je vous aime tous de la façon dont j'ai aimé chaque famille dont j'ai tissé dans le sein une partie de ma rigueur et de ma générosité. Peut-être le véritable objet de mes livraisons est-il un fruit de ce mariage. Alors de vous à moi, je vous le dis en vérité, celui-là qui vous fera du mal ou par ses mots vous blessera, jamais, j'espère, ne sera moi.

Les degrés de liberté

Je crois du plus profond de moi que là où deux ou trois sont assemblés en mangeant, dieu est au milieu d'eux. Ce, sous tous les aspects que l'on puit cuisiner. Toute grâce infamante est réhabilitée du moment que l'on goûte en forgeant son palais. Les langues les plus drues ravalent leurs ardeurs, et en déglutissant, se défont du droit intéressé de conter, et s'imposent l'office plus intéressant de la dégustation. L'homme est un nouveau-né devant chaque couvert ; sa bouche foisonne des reflux de son sein dans lequel a basculé un ventre trop plein. C'est, dans les faits, parce que cette horde galante à présent de ma race, m'a empli le ventre avec plus d'insistance et de sérieux que nul autre, que je puis m'exprimer de la sorte aujourd'hui. C'est cette engeance, un peu ivre mais honnête au demeurant, qui m'a poussé dans ses parvis où providence rime avec répit. Aussi, je vis avec cette vive envie d'aimer qu'elle me léguât dans le secret de sa demeure.

Je dédie depuis l'ors chacun de mes repas à la prospérité de ceux qui la compose ; comme pour leur dire merci. Merci, parce qu'ils m'ont servi et de guides, et d'amis, me rendant par là même tributaire de leurs portées et de leurs patries. Ce faisant, ils m'ont offert une attache solide que, dans ces temps de solitude, beaucoup envient. C'est, en effet, parce que cet ensemble exogène m'a nourri sans prime et sans mépris que je dédie mon souffle de vie à préserver son intégrité et sa tendance à tout conserver : les vertus, les alliances, la faillance et moi. Je chéris chaque seconde passée à ses côtés et chaque manifestation de son égoïsme, car cet égoïsme est dans sa constance à la manifestation de mes dons et la largeur de mon sourire. Bien que je sois le loup de cette bergerie, j'en chéris les brebis et mourrais de disette avant que d'en manger. Parce qu'ils m'éprouvent, je sais les choses que je ne puis, et beaucoup d'autres qui me siéent mais sont impossible d'accès car je n'y suis en rien tenu. Le grand nombre de mes désirs que je n'accomplirai jamais, je le connais. Je le connais du bout des lèvres, à cause de ceux qui m'obligent. Et au final, cela n'importe. Quand bien même mes désirs me font, ils ne me fondent pas. C'est cette absence de liberté ; c'est parce que je suis opprimé par leurs désirs d'élévation que mon âme prolifique décortique l'azur assis à son chevet ; parce qu'ils tiennent à moi, m'empêchant de chuter. Mon talon est tenu dans les mailles d'un filet dont chaque embranche est une contrainte, et chaque nœud une nouvelle loi. Mais, entre les nœuds, dans ces mailles où le soleil sommeille, dans la contrainte des lois la liberté luit.

De mon vieil homme[5]

Le jardin de l'enfance est pavé de galets et parsemé de roses, orné de ronces immenses et tapissé d'orties, mais l'enfant sait ses vœux et les mettre à l'épreuve. Il n'en chérit que mieux les moments désastreux et n'en souffre jamais les aléas longtemps. Il aime à entreprendre et narrer ses exploits ; nous rendre les témoins circonspects de ses achèvements ; les promoteurs des édicules qu'il a commis distraitement, sans raison et sans méthode, parce qu'il peut faire un peu comme dieu, voire mieux quand il est généreux. Il met du sien dans tout et tous, par envie ou par ennui ; honni ceux qui l'offusquent et fuit ce qui l'infame. Dans la gêne, sa bouche est prompte à maudire et son cœur prompt à pardonner ; ses mains sont lentes à impartir et ses pieds prompts à chanceler. C'est l'apanage de l'enfant que de tomber. Il crée des mondes et les dévoie en les détournant de sa voix. Il défie les lois du soleil sans en être pris d'effroi. L'enfance est, comme vous et moi, pavé d'un émoi inconstant,

---

[5] Le vieil homme est une figure chrétienne symbolisant l'homme avant le passage par les eaux du baptême (cf. 2 Corinthiens 5:17). Il reviendra souvent dans le fil de l'ouvrage car outre le problème éthique que suscite l'assassinat d'une personne âgée, il y a la question, quand il échappe au complot visant à attenter à sa vie, de que faire de lui dans un corps qui persiste à vouloir le déloger. La demeure du vieil homme s'est levé contre lui ; il semble un exilé dans sa propre bâtisse, persécuté par un faux pli.

et l'apanage des adultes est d'y tanguer. Comme on vieillit assurément ! Comme par défaut ou pour de faux, par crainte de monter trop haut, d'outrepasser sa modestie, on passe outre à la fantaisie. Grandir est l'indécence à laquelle l'enfant sacrifie, une lente ineptie. Le manteau de l'adulte est tapissé d'hermine par qui l'examine mais son lit d'enfant, son linge de maison, sa culotte et ses gants sont tissés de coton par qui fait sa lessive. Nul ne sait l'avant du grand ménage et du vêtement blanc.

J'ai vécu pour mourir et, de ce fait, vu mon vieillard et mon enfant avant que l'âge ne me glace. Et depuis que j'ai trépassé, je les conçois différemment. Je regarde mon vieil homme avec admiration, considérablement. J'ai beau me répéter que l'heure n'est plus à ses souvenirs, qu'il faudrait que je m'en déleste promptement, je sais pertinemment que derrière cette armure sinistre et gigantale lui donnant des allures parentales, mon vieil homme n'est rien d'autre de plus qu'un enfant. Un enfant qui fût son propre père et sa propre maman. Aussi, je regarde ce jeune garçon imbibé d'affection. Il s'est construit malaisément, en dépit de toute injonction, et la vie lui fit don d'une presque raison. Je comprends ses pensées que d'aucuns déprécient ; qui ne s'accordent en rien à leurs enseignements. Cependant, si telle est l'opinion de ceux qui le critiquent, tant qu'ils auront l'effroi quand il passe le temple, ou la bouche facile à critiquer cela et ceux qui lui ressemblent au sein du tabernacle, je croirais mon destin autre part qu'en leurs rangs. Je n'ai pas de maison où il n'a pas sa place. Si mes saillies importunent plutôt que d'impressionner, si l'on ne peut s'aimer qu'en forçant, si je suis monstrueux aux yeux qui me dissèquent, alors, l'heure est venue de divorcer. Je n'ai aucun regret des moments entre nous, mais n'est pas l'intention d'étouffer pour autant ce qui fut mon vieil-homme. Je saurais le remplir de vos enseignements mais le verrai noyé sous vos empêchements.

L'écart des corps

Entre ceux qui ont tout et font n'importe quoi et ceux qui donneraient leur dernier denier pour avoir ne serait-ce que l'honneur de rêver d'être traités comme tels, entre ceux qui ont tout et n'en font rien et ceux qui n'ont rien, entre ceux qui ont tout pour pas grand-chose et ceux qui ont payé le prix fort à force d'en vouloir ne serait-ce que le quart, l'écart écœure. Les mesures mentent. La misère monte plus vite qu'il ne faut à l'homme moyen pour procéder l'aberration que représente le fait de posséder la Terre sous couvert d'aventure ou d'exploitation. Le trou se creuse et l'erreur, profonde comme une fausse commune, s'enterre avec les gueux qu'elle contient dans le furieux silence des gens de bien, c'est-à-dire de ceux prêts à ne rien sacrifier pour conserver l'illusion d'un monde convenable, où tout le monde est aussi aise qu'eux. Un monde où l'on devine la paresse de qui n'a pas belle fortune et la passivité de celui qui n'a cure de l'apathie qui, sûrement, cause sa peine et lui fait mériter, aux yeux de notre cours, les roustes que le sort lui destine ; où ne périssent de ses coups — et seulement faute de compétitivité - que ceux qui n'ont point tiré parti de l'immense miséricorde et l'empathie démesurée assurément propres à la vie, et aux diverses créatures qui la ravissent ou la composent. En gros, sont sots ceux qui trop souffrent, la vie n'étant que l'instrument auquel ils délèguent contre espèces, avec la charge qui leur incombe, la responsabilité de la porter. Quelle horreur, la Terre et les gens fortunés ; quel malheur, l'état du monde et de sa pire espèce. D'aucuns peuvent espérer des lendemains sereins, sans famine et sans crainte ; d'aucuns arrivent à rêver meilleur avenir, protégés des affres de la guerre. Mais en tout temps il n'y a que d'hommes, et dans les hommes, l'infamie et l'effroi dans lequel plongent la vindicte permanente des monstres arctiques, et les vendettas infondées des enfants du beffroi contre les peuples plus en soleil.

Si l'effroi quitte jamais son camp austral, c'est pour y retourner par un chemin plus grave, plus alarmant ; cependant que l'appétit des meutes de colons curieux qui débordent du vieux continent sur la mer s'amplifie jusqu'aux extrémités d'une planète en friche, au grand dam des essaims basanés qui se gardent dans leurs alentours, et manquent continuellement de les contenir. Et quand ce n'est l'effroi qui les tétanise, c'est une rapacité au-dessus de leurs forces qui paralyse les déçus des Suds, quand les restes d'ardeur des marrons qui n'ont pu ou n'ont su s'élever vers le Nord et de ceux qui s'y sont ressourcés refraient dans des pays qu'ils connaissaient naguère, mais dont ils ne savent plus que le nom, des pays qui, n'ayant plus à force d'horreur que le nom de voleurs de carrière et la ruine, sont réduits au labeur permanent, refraient dis-je en leur sein d'avantage d'accès aux patrons[6] des contrées qui pourtant les empêchent. Et la plèbe de bêcher, la faim dans les dents, avec au flanc la peur des péchés que commettent pourtant le peuple prépotent[7] des piteuses nations qui le saignent, l'empreinte profonde de cent spoliations, la preuve empirique de la violence de leur police et des viols[8] en réunion de leurs gouvernements. Il n'y a que d'hommes à l'origine de nos rixes et peu à leur résolution. Des hommes encore, entre les feux et les tillages, les faucilles et les marteaux, aux baïonnettes et aux poteaux, dans les blessures de nos hymnes, citoyens aux carabines et tirailleurs en nos coteaux ; en toute cause de trépas, que ces gens-là.

---

[6] *ANTIQ. ROMAINE.* Maître d'un esclave affranchi.

[7] *Vieilli.* [En parlant d'une pers.] Qui dispose d'un pouvoir absolu et abusif.

[8] *En partic.* Invasion militaire étrangère et occupation d'un pays, d'une région.

L'écart des cœurs

Dans la société du spectacle, le cœur n'est plus qu'un beau décor dans lequel danse des acteurs rosses et valétudinaires. Sur la scène des sentiments, s'envolant au premier appel d'air vers un foyer vide, strass et paillettes artificielles se reniflent à la courte paille dans des vestiaires performatives. Le cœur a si loin dérivé que dire c'est faire un peu comme si l'on regagnait par la sentence une existence moins convenue. Ce feu follet artificiel ne pompe plus que de l'argent. Il a la couleur du printemps, du lointain souvenir qu'on a été enfant, et l'innocence – qui va avec – lui donne des tons bleu groseille tirant sur un saumon avarié d'avoir cuit trop longtemps au soleil. Tissé depuis les veines de la Pangée jusqu'aux délassements de la Terre, le mouvement de chute en avant perpétuel du gîte de l'agir écarlate force de pis en pis – et au détriment de ceux qu'il empêche de se comporter – l'autonomie de performeurs, d'êtres mécaniques qui, dès lors qu'ils se délient de leur gravité, rendent avec le verbe et au travers de lui, le simulacre de la vie. Et pendant que l'écheveau vermillon, saigné depuis ses flots jusqu'aux quatre abymes que l'on connaît au monde, tempère à coup de tirades l'agonie de toute forme de vraisemblance, le diverticule ridicule qui lui supplée sans ambition, le temps de mener sa passion, change la fonction de l'organe performateur, du cœur qui, sans les sujétions de la réalité, est rendu à fabuler pour divertir. Plus que ce ne fut d'inciter le sang, sa besogne est à présent de faire diversion ; l'inflammation de l'appendice, dudit diverticule, n'étant au mieux que la somatisation d'une confusion profonde entre l'auteur et l'acteur, en d'autres mots, entre le sens et un symbole creux par nature, empli de vers à l'intention de l'idée qu'on se fait d'un l'homme, c'est-à-dire d'un bras levé, d'un pied de poule, d'un bonnet blanc, d'un chapeau bas, en somme de quelque objet physique ou non qui dépasserait de la foule, favorisant de fait la génération des êtres aux centres de gravité les plus bas. D'où l'expression : avoir le cœur dans les talons. Mais je m'égard, certes non par digression mais par transgression, et craignant qu'une préciosité jugée par trop agressive ne vienne empiéter quelque part d'exactitude que mon propos puit porter, reviens à votre portée.

L'écart des corps écœurent encore certains. En sautant dans une flaque, ils cherchent un rire complice ; en montant dans une rame, ils cherchent une âme sœurs. Mais très vite, la torpeur gagne leurs mains moites et des larmes salées coulent de leurs fronts blêmes. Ils apprennent qu'improviser, être abordé sans entraînement, est effrayant. Où va le train qui les emmènent ? Leurs yeux gorgés de luminol entendent courir la Syrie et ils sourient. Qu'ils se réchauffent et c'est Bali ! Ils ont le monde entre leur doigts et l'impression de cavaler en balayant de leur majeur cinq cent onglets de promotion. Mais le temps que s'arrêtent les roues du printemps ou que tombe la scène apparait comme une éternité au commun des mortels qui quand s'en vient lété est bien trop mal pour célébrer.

Ce que le prince doit

On a bâti des temples selon nos savoir-faire et les temples ont cassés. On a bâti des lois selon les parénèses et ces voix ont passées. On a bâti nos vies suivant le gré des hommes, mais ces lointains cousins de nos sombres démons ont fait des macchabés des sujets de nos joies. Quoique le démon soit inapte à la grandeur, il suffit qu'il demande et le monde pourvoit, du moment qui parait être bon, comme le prince se doit. Réduisez le tyran au silence des lames et son peuple affligé vous en remerciera. Donnez-lui la meilleure instruction et les charmes ; il ne s'en suivra que la peine de sa plèbe, une population que la principauté – par un attribut qui m'échappe ou quelque raison séminale qu'un dieu un jour lui mit en cape – amène au fil des âges à la solde de ses despotes quand ceux-là même, à peine élus au scrutin uninominal de feu Jahvé leur paternel ou de leur Marie mère de dieu, l'assujettissent sans une gêne et sans trop presser, de la façon que les princes savent se faire prier pour nous mater, c'est-à-dire dans tous les sens du terme et à tous les degrés. Armez le prince de son trône ; il s'emploiera à simuler sa sainteté, dissimuler son impiété, user de l'effroi des sujets et de sa bonté présumée pour être aimer ; à faire, en somme, ce qu'il faut pour conquérir et demeurer, comme le prince se doit. Gardez bandés ces yeux que les larmes ne touchent, que l'ondée est la seule à doucher et la rosée jamais ne vient importuner. Comme il est impassible devant le midi qui le sort de sa couche au son des railleries des sujets sous son toit, et des râles aussi de bien d'autres pouilleux pourtant de son patois un an trop tôt pour son baptême, sa ballade ou ses ébats, fardez ses abajoues pour maquiller l'émoi que les rois ne savent pas. Rendez-le, notre prince, l'archétype du juste, ou bien de l'idée générale que ses gens s'ont font, comme il est impossible que les rois le soient. Poudrez sa coiffure pour feindre une sagesse trop lourde pour son jeune âge. Prêtez-lui un bâton dont il n'a pas l'usage, qu'il maintienne les os qu'il dérobe aux féaux dont l'effort déforme la colonne, quand ils sont les vertèbres de celle du royaume. Mesure pour mesure, faites-le ressembler au manche d'un berger ou une masse d'armes, quoique ce boutefeu s'il a jamais lutté – sinon chef des armées par défaut de prestige – n'ait pour seule profession que d'acter l'ouverture ou décréter la chute des luttes où se défendent ses intérêts. Couronnez son pommeau d'une relique en tôle ; une idole de papier qui puisse démontrer sa pseudo-chrétienté. Dites bien que le dieu qui l'a intronisé protège ses sujets. Et que ses généraux imposent ses paroles aux peuples qu'il a colonisé, tant qu'ils ne savent pas qu'où s'arrête le sceptre du roi commence le droit public et la foule à des lois que le pouvoir ignore. C'est le devoir du prince que de maquiller son aveuglement en impartialité et de masquer son animosité, le simple fait que ces actions résultent pour la plupart du bouillonnement de ses entrailles et pour le reste, d'un conseil de valetailles. Le prince comme la bête se guide à l'instinct, mais jamais le dernier ne le reconnaîtra. Ce prince-là, je n'en veux pas ! Je n'en serais jamais l'agent. « Limez l'homme, dit le prince, tailladez-le à souhait ! Il siée à son statut que chacun s'y cantonne, que chacun s'approprie le profil des êtres les plus bas et les plans des puissants ; que qu'importe l'honneur qu'il a de ce service, il reste dans ce monde et dans ceux à venir, l'éternel serviteur d'un seigneur impotant. » Asservir, c'est ce que le prince doit, et posséder aussi, et diriger parfois tant bien que mal des hommes, et se gaver sans foi, et condamner sans loi l'autre, pauvre, sans voix, qui, aux pieds, bouffera sans bouder sa gamelle en beuglant, mi bovin, mi chihuahua fidèle qu'il sera dès qu'il lui aura cédé ses droits. Les princes du monde sont devenus ses ennemis car ils ont moins soucis de leurs empires que de leur situation. De tous les princes, ce sont à présent les pires qui nous gouvernent. Et pendant que les champs brûlent et que les plaines ondulent sous le tonnerre des eaux, leurs larmes de démons couverts de ridicule viennent du sein de dieu s'éteindre à jamais sur Terre.

In vano veritas[9]

Certainement, on pourrait dire, la vérité est dans la vie. Parce que du point de vue religieux en général, et chrétien en particulier, la vie, c'est l'avant. C'est-à-dire que comme un enfant attend Noël, le chrétien attend la nuit. Et ce n'est que parce qu'il ne s'appartient pas qu'il ne se rend jamais à l'évidence que si Noël c'est de mourir, Noël peut être aujourd'hui.

Eloge de la biture

Les mots vulgaires n'apprécient pas les langues sèches. Nulle note enivrée ne naît d'homme modéré. L'inspiration à jeun ne marche pas pareil que sa maîtresse oblique. Quand la geste est gênée, la biture la libère. Les hommes pensants et les hommes penchant, les hommes fléchissant et les réfléchissant n'emploient pas en parlant les mêmes expressions. Ils n'ont pas dans le texte la même attention aux autres assonances et allitérations qui perturbent la prose des batteurs lyriques. Les poseurs prosaïques ne se font ronds sonneurs que lorsque la musique guidant leur propos est par trop augmentée pour tenir

---

[9] Traduit du latin « la vérité est dans le vain. »

la posture. En s'éloignant de la mesure, ils prennent le pas de la vertu. Ce n'est qu'à cet instant qu'ils entendent raison. Et quand bien même, c'est une raison folle, furieusement habile et curieusement vaine, qui s'éteint aussitôt que craque une brindille à côté de l'artiste emporté par sa plume au ciel des idées neuves, décidé à n'en descendre plus qu'en chutant, c'est-à-dire à se faire tour à tour homme, archange, puis démon. Quand les uns, ces poseurs, non avares en bon mots, s'ankylosent de leurs boniments, nous, les autres, usons de tout morphème aisément. Les petits, les grands, les gros, les bons, nous arrivent indifféremment. Des mots ne plaisant guère aux uns à cause de l'horreur qu'insuffle l'insuccès à ceux voulant se bien vendre ou présenter. Des termes élevés dans le vernaculaire du vulgaire qu'ils prennent cependant le soin de mésentendre. Ballonnés par le poids de l'alcool et pourtant si légers, nous élevons aux cieux les outils de nôtre dur labeur, inondés de fierté, ensevelis sous des flots d'incivilités, et pourtant célébrant en toute bacchanale, le café, le saké, le poiré, le passer, et tous les dérivés capiteux de nos fruits, nos légumes, et de nos céréales.

Enjambant l'Achéron

De la vie

Que veut la vie ? La vie se languit de la mort. Elle prend plaisir à s'étendre chaque soir au coucher, soupirer, trépasser ; au matin, désespère de ne pas être habitée par elle et voit raillerie dans le chant du coq, défiance dans les rayons du soleil devant lequel, de honte, elle détourne le regard. Cependant, comme le temps s'écoule, à mi-chemin du voyage, elle en vient à l'oublier puis à la craindre. Ainsi, quand la mort se rapproche pour célébrer leurs noces, elle lui ferme une porte précoce tant elle n'est plus parée à périr. Ne devrait-elle pas s'enquérir de peigner sa chevelure ? D'étendre son beau linge ? De dresser sur son lit une couverture neuve et une serviette blanche ? De faire une vie belle pour une mort heureuse ? De convier le beau monde, tuer les bêtes grasses, une de chaque espèce, qu'elle ait goûté à tout avant que la mort vienne ? Faire au bal un banquet qui ravirait la foule ? Préparer pour sa cours quelques amusements, que les ventres digèrent et les corps se reposent ? Faire un bal cardinal où la mort danserait, au rythme du corps dont c'est l'heure et au son des cloches de leur parade nocturne ? La mort n'attend que ça, ce foxtrot fatal, mais la vie la vouvoie et détaille devant elle. Tous les états qu'elle doit arpenter avant de la rejoindre lui offrent à contempler ce que la vie serait si elle savait ce qu'il faut de décès dans son inexistence, mais en vain. Au moins, la mort a-t-elle la décence d'attendre son temps. La vie, elle, n'attend pas ; et c'est parce qu'elle se presse qu'elle rate son trépas, faisant de leur idylle une noce sans fin.

Des pulsions de mort

Le vide, sondant sans un mot l'étant s'enterre sous six cents pieds, tout un parterre venu goûter la verve folle du comédien alambiqué, la langue pendue au parquais, pendant que jacte dans l'abîme la foule que l'on entend pouffer, tousser de rire, et puis pleurer, presque mourir, sous le poids de *mésécritures*[10], sans cesse, sans pousser un silence, dans une lente catharsis et les voies d'une vie insondable tant que le diable les déçoit.

La vie, ce long passage à vide, le vide que j'ai tant désiré, n'étant plus plein de cette envie, j'en devine la vanité. Mais ce moment en ma mémoire semble duré l'éternité. Je sais l'endroit où je me rends et maintenant, plus que jamais, souhaite m'y hâter lentement. Je veux mourir, depuis trop longtemps déjà, et pour autant veille et m'éveille tout aussi monotonement. Dans

---

[10] *(Néologisme)* Construit dans la même logique que « mésaventure », signifie « mal écriture » ou « mauvais écrits. »

une même psalmodie, je prie, je crois, je suis la loi, je cris, je cours et, ce faisant, en méprise les memento qui ont vu naître mon désir. Ce n'est pas le ciel dont je rêve ; seulement du long sommeil. Et de ce fait, déconcertant pour la plupart mais rudimentaire au demeurant, chaque jour est la veille en un peu plus mortel, mais en beaucoup trop lent.

La mort, qu'est-ce, cette chose égoïste qui ne se donne qu'une fois ; qu'on refuse volontiers à ceux qui la désirent et qu'aux autres, pourtant, on promet sans arrêt ? Quelques fois, je veux mourir ; toujours à la même heure. Je sens la mort m'étreindre, mais suis encore là. La nuit me ment. Aussi, je vis de vive voix, tant que je peux ; et quelque fois vivote un peu, vue que l'énergie se faire rare chez ceux qui cherche à en finir. Que l'on me voie m'y essayer suffit parfois à m'égayer, mais l'œil que je veux attirer est par trop éloigné de moi. Certains – pour attirer l'attention létale de l'hautaine ménesse qui d'eux s'est moquée – jouent les hommes-araignées. Ils bravent monts et merveilles pour gratter le carreau du céleste séjour de la cavalière pâle[11]. Un ancien récit dit qu'entendre leur péril et voir péricliter ces derniers séduit l'obscur sapeur de la rue des grandes faux.

---

[11] Dans l'Apocalypse de Jean, la mort est l'un des quatre cavaliers dont la chevauchée inaugure le commencement de la fin du monde : « Et je regardai, et je vis paraître un cheval de couleur pâle ; et celui qui était monté dessus se nommait la Mort, et l'Enfer le suivait ; et le pouvoir leur fut donné sur la quatrième partie de la terre, pour faire mourir les hommes par l'épée, par la famine, par la mortalité, et par les bêtes sauvages de la terre. » *La Sainte Bible* (trad. Jean-Frédéric Ostervald), Bruxelles, 1867, Apocalypse, chap. 6, verset 8.

D'autres, partant perdant, préfèrent ironiser, opposer aux premiers, cependant qu'ils les imitent sur le principe, différentes pertes de temps, mais ils font cependant le même chemin sinueux. Parce qu'ils sont en crise, avides de mon vide adoré, et le seul procédé pour réparer leur schize est de les atterrer. Comment nier que j'envie leur pulsion de mort, quand même si je suis par trop soigné pour ces déflagrations funéraires ? Depuis le temps que la mort me guette, son emprise sur moi baisse. Je veux toujours mourir, mais plus tard.

Tombé d'effroi

Parfois, on tombe. On tombe si longtemps qu'on oublie le moment de sa chute. Et, comme le temps est le pire ennemi de la mémoire, parce qu'elle s'encombre de tout ce qu'il observe, et en même temps, la délivre de ce qu'il étreint, alors, le corps oublie sa pesanteur. Toutes les pensées nous traversent. Comme l'étau se resserre, nos travers nous absorbent, nos secrets se résolvent, les secondes se résorbent dans les premiers instants que l'on se remémore. Les moult dilemmes qui corroboraient l'habitus indécis des enfants qu'on était mais se pouvait mûrir entre-temps, ces moult manies qu'entretiennent les gens dépités de l'amour et ses révolutions, qu'affectionnent les grands — déroutés à force de tourner — que nous sommes devenus malgré nous, ces moult mouvements dégoûtés de bouger s'originent à nouveau au plus épais de la querelle sempiternelle entre l'antique et l'actuel. Les écarts, les instants et les gens en furie qui se rongent les sangs, naissant crescendo sous des traits analogues, poussent profusément sous la même providence, et pendant que le pire, la peste, la crise et le reste entrent dans leurs fonctions millénaristes, périssent et reparaissent le même an de grâce à nul autre dessin qu'atterrir en terme convenable.

Il en naît des milliers de nouveaux, sans lacunes en ces limbes, aux aisseaux de la Terre et son humanité, des egos dont ils troublent la cénesthésie ; il en naît des millions, le même an de fatigue, mis à mort avant que d'être en mots. Il n'est plus de conscience à l'instant fatidique. On est seul devant soi et si l'on est un dieu alors on est heureux, mais si l'on est un diable alors ainsi soit-il, du moment qu'on est mort ! Oublié, la raison de son saut, la source de sa ruine, puisqu'il n'y a plus de lien entre celui qui blesse et celui qui laisse, entre celui qui pousse et celui qui cesse. Devant la chute, tous les hommes sont égaux, tous les hommes sont parallèles ! Et ceux qui jouissent, et ceux qui bruinent, ceux qui bruissent et ceux qui couinent, ceux qui suintent et ceux qui chouinent et cherchent encore à dépasser le mur de sang qui les attend vison-visu sur un pavé qui s'impatiente, au temps voulu de leur métingue[12].

---

[12] *(Vieilli)* Francisation de meeting. Encyclopédie Universalis *universalis.fr* Web. 04 Juillet 2017

Je voudrais m'amender de mes laissés tombés ; de ceux que j'ai poussé sans faire grande attention. A tous les Macchabés[13] à mon côté, pardon ! Pardon car j'étais mal et aveugle, poussé hors de moi par une curiosité malsaine ! J'ignorais que les chutes mortelles tuaient effectivement. Et pourtant, vous voici saignés de but en blanc. Voici, je suis assis sur le même rebord. Le temps que j'y serai, je vous regarderai et n'oublierai jamais le son de vos visages écrasant la chaussée. J'ose espérer qu'une âme avenante, assez proche vous, éprouvera l'aversion utile et suffisante à l'effet de bascule qui me fera échouer dans un vide semblable à votre inanité, ou me fera pécher en pressant mon suicide. Je prendrai le temps de mon déclin pour expier.

Des eaux de las

J'irais volontiers de l'autre côté, visiter Hadès ; lui dire comme on s'ennuie de par le monde à contempler le même soleil. J'irais coucher Hécate et sa suite spectrale, danser dans l'onde noire au son de l'oiseau-lyre. Ne plus avoir mais être le froid. Ne plus laisser la faim fourvoyer ma lanterne mais être le sel de la terre que j'efflore. Non abuser des fruits de sa progéniture mais aider mère nature en devenant son lais.

---

[13] [P. allus. à la lutte héroïque menée par Judas Macchabée et ses frères contre les Syriens, relatée dans les deux livres bibliques des Macchabées] Héros, martyrs. *Cnrtl.fr.* Web. 07 février 2020

J'aimerais être un poison pour le quidam qui la disjoint et la jaunit, la dénigre et la désunit ; ravitailler l'union d'hères éthiques qui résistent au retour des royaumes barbares, ambulants et ductiles qui châtient au prétexte d'émanciper et déjugent assidûment à cause de charité ; qui pour cacher le fait qu'il est des pauvres sous leurs souliers marchent en biais, et celui qu'ils sont aussi, sinon plus près de leurs deniers que de leurs gueux passent panier, c'est-à-dire font la quête et l'aumône les poches et les paumes percées, retournées, et seulement avant que de prêcher. J'aimerais garnir les fronts apocryphes qui arguent de faux le récit par trop ressuscité du règne des mecquetons, des mecquetonnes et autres moins que personnes qui rompent et corrompent les pains et les pions le plus complétement que l'on puit intenter. Je veux être le miel des poètes, des enfants de la terre. J'aimerais m'offrir à la nature : donner du fruit chaque saison et couler dans ses veines azurs ; semer l'eau des rosées dans une terre gracile et m'y laisser pousser une extrance tranquille ; ne penser jamais plus aux maux que l'on se prédestine, au destin capricieux qui accable nos mères et, par écho, l'univers qui m'agite et m'angoisse. Je m'envolerais bien, après dix décennies, au-delà des prairies et d'une mer sereine. Je me referais homme pour habiter son *īle*[14] une dernière fois, rassasié de durer. Puis, je rencontrerais Jésus,

---

[14] *(Latin)* Ventre, entrailles. Wiktionnaire *fr.wiktionary.org*. Web. 04 Juillet 2017

Bouddha, Socrate, ou quelque sacro-saint tenant leur permanence. Je chanterais, un siècle ou deux, dans ce palais où tous crient[15]. Et enfin, lassé du bon voyage, après avoir servi mes frères, la terre, l'éther et l'enfer, n'ayant plus à laisser, je m'éteindrais.

Les cieux larmoient

Un collier de perles pour nos fiançailles ; un carcan de balles pour nos funérailles. Un cercle de lumière sur nos auréoles ; une chaîne de flammes sous nos camisoles. Quelques morceaux de ciel dans le feuillage des arbres et le souffle du vent dans les branches ; quelques familles en deuil dans les rues des villages et la guerre guettant qui approche. Une perle de pluie dans le regard d'un éther azur à chaque fois que les hommes se déchirent ; une poussière aux prunelles d'une terre diaphane à chaque fois que l'état de ses nations empire. Un torrent de fureur dans les yeux des sanguins qui s'en vont s'entre-tuer en contrées caucasiennes pour rien — quelques peaux de chagrin et l'aisance du sel — avant de rapporter au sein de leur patrie l'affliction d'un conflit infiniment stérile ; un bouillon d'amertume mitonnant dans les entrailles de ceux qu'ils ont

---

[15] Référence au Psaume 29:9

occis pour elles, et serrée au plus profond du cœur de ceux qui en réchappent, la peur interdite des anciens suppliciés.

Aucun quartier, aucun endroit, aucune portion d'une terre promise, aucun dessin de ceux qui suent, ni de partie d'un patrimoine qu'ils posséderaient vaguement ou des capitaux que l'on crée en exploitant leurs compétences ne passe à la postérité des lignées qui en ont le droit. Il n'y a pour elles aucun sursis dans le brouillard, aucun recours dans le blizzard, pas un paître jacquet qui porterait espoir et nul abri jamais qui tromperait la nuit. Nos conflits ne profitent qu'à quelques marchands et pourtant, ils perdurent. Nous nous laissons mourir. Et encore, je dis « nous » seulement par soucis de n'accuser personne. Pardonnez, comprenez qu'à chaque fois que brûle une bourgade, c'est un génie s'éteint. Aucun vent ne saurait en écarter le feu, le plus violent orage n'en saurait préserver la substance. Aucun enfant n'est Charles Martel, aucun parent Napoléon ; aucun homme ne devrait comme tel heurter leurs femmes et leurs enfants. Pourtant, quand la misère prend la couleur des hommes, nous l'accusons, et pour autant n'y faisons rien de plus qu'ouïr dire et entrevoir passablement, voire — quand seulement l'on se démène — ourdir ou devoir assez passivement, même si l'on sévit contre notre justice. Mais nous manderait-on aux pires sévices, que si là, s'endormant en sa taule ou sur son bûcher, on se sait allant rencontrer, dans une des voies après le vide, l'éternel le moins vicié qu'établiront de meilleurs gens en des temps bientôt plus honnêtes, nous aurons fait ce qui est bon. Partons légers. Quand même l'homme s'emploie à méfaire et choisi l'écu qui le défend de lutter contre les lois qui l'avantagent. Forgeons des armes pacifiques pour des lendemains en paix. Si nous n'en avons le pouvoir, nous en avons la responsabilité.

Jusqu'à cinq et je pars

Je suis l'aveugle au cœur aride dont l'étonnure a coulé, un peu gênée aux entournures ; un couturier mal accoutré ; un royaliste endimanché courtisant feu la reine mère, corrompu après courir à la suite de son jupon. Je suis le tanneur étonné devant la peau d'un veau mort-né : ce que la logique récuse, elle me le fait embrasser. D'un baiser qui, mieux que les mots, brûle mes labres et avive leurs environs ; qui peu à peu s'étend céans, et s'attardant fait de mon sein une forêt de candélabres au bord d'un raidillon boueux. La mort a tout rongé en moi. J'ai ainsi vécu mille été, affolée par la faim et pétri de hantise, éhontément nouvelle, en veuve perpétuelle aux lippes délabrées. Oui, je suis, mais depuis toute seule ici-bas, et je suis ta sueur du regard. De ton nuage coule mon cœur sur un tombeau de toi ouvert, vide car non, tu n'es pas mort ! Impuissante, je te perds. Ma vision, à l'inverse de ton image, se fait trouble à mesure que le cortège s'avance. Ils auront beau dire, je n'entends plus que ton silence. Ils auront beau me soutenir, je suis en lambeaux. Les corneilles ont mangé mes entrailles. Je t'ai laissé partir sans un bruit mais depuis que dieu t'a pris, j'ai enfui ton sourire dans une goutte de pluie. Je t'ai regardé mourir sans verser un seul mot, mais depuis ton départ, j'ai encré ton sourire dans chacune de mes larmes. Si tu es là-haut, où est l'eau, j'irai. Je noierai mon chagrin dans chacun des bassins témoins de notre amour. Je me referai sainte car mon seigneur est mort ; c'est à toi qu'appartient mon amour pour la vie éternelle. On me dit que la tristesse accompagne les défunts ; qu'il pleut quand tu pleures sur mon sort. Balivernes ! Parce que là gît ton corps, et mes larmes, et le ciel, et le sens de la vie, là, mon humanité... Jusqu'à cinq et je pars.

Je, la cellule, désire

Je, la cellule, désire, donc je suis. Mon désir est d'aimer et j'aime mon désir. Vouloir est le moyen d'assurer ma survie et je veux à mon cœur tout offrir. J'en suis instruit par la nature ; la même fait ma volonté. Ne plus nourrir aucun appétit, entendre ne plus envier, me serait aussi saugrenu que supposer que l'univers, à ses débuts, n'était que l'hôte d'un soupir porteur de résolutions. Succomber est passé de mode aux yeux de tout ce que je suis. Ce même si par ce mystère d'une antinomie certaine, par ce process universel, j'ai composé le leitmotiv de ce qui se veut la vie. J'ai ingénié les créatures dont l'homo a l'apparence ; dont les fonctions, en divergeant, ont accusé cette appétence à l'existence inexorable que s'imaginent la horde de babouins qui, trop inconscients qu'ils déclinent, sautent droit dedans le vide environnant les lumignons d'où découlent leurs illusions. Attisés par une noirceur en humeur de s'émanciper, ils caracolent dans l'inconnu depuis l'origine des temps, le cœur embué et plein de dégénérescence puisque sans mon recommencement, toute structure est cancéreuse ; sans une légère entropie, l'égoïsme le déracine. Le corps fleurit et fane en paix car ce qu'il gâche par cette voie est regagné un autre endroit. Le corps est plein de ses peaux mortes et de ses idées maladives ; elles sont le terreau de sa vie, ses lamentables expériences. Mais ce qui surnage sur elles, ce qu'elles nourrissent et que nous sommes, est fait du choix de ce qu'on aime. Gardez bien à l'esprit que l'amour est nécessairement une volonté ; par la suite un besoin, mais d'abord un désir. Parce qu'il n'est pour elle aucun après la mort qui puisse contenter son *acrédulité[16]*. Quoiqu'elle aussi redoute sa disparition, la cellule a pour seul au-delà ces enfants.

Mais par où passe-t-on d'une cellule au corps, en quel endroit diverge ces deux intentions ? Dans le choix de l'action ! Conquérir l'univers cellulaire fut l'aubaine par laquelle l'homme

---

[16] *(Néologisme)* Absence de crédulité

acquis sur le temps certaines libertés et, de surcroît, le choix d'à quoi les dépenser. C'était avant, qu'une seconde scellait un destin ; c'était dans la nature, les liaisons mortifères, les amours incertains, que le baiser de l'aube ou la morsure du froid pouvaient être fatals, que demain paraissait un océan lointain et que l'eau nous manquait. C'était hier que l'on rongeait nos doigts et nos lèvres, que l'on suçait la sève et broutait les bois. C'était la loi, de mourir pour soi ; de survivre à la vie que les autres n'ont pas. Maintenant, ce qui nous détermine, nos moyens sont le fruit de l'œuvre de nos mains accoutumées aux contumaces, aux contusions, aux mutations d'un univers omnipotent, emparessées par le manque de cette envie mal répartie d'être mesuré. On n'est pas plus rapide, quoique l'on soit plus grand mais ralentir paraît l'enfer ordinaire dans lequel est moulé l'acier de l'inepte et le plomb de l'inerte un peu coton, un peu carbone, convaincu que c'est l'autre l'aphone. Il n'est pas aberrant de se laisser le temps de faire une cellule et de soigner sa fin. On a tous dans nos vies l'envie d'éternité mais peut-être auraient-elles un peu plus de valeur ou plus de rareté si le temps s'arrêtait quand sa montre cassait. En tout cas je, l'homme, a son désir, mais futile.

Pastorale en sol mineur

De la poussière au fond des choses

Qu'est-ce qu'un grain de sable dans l'immense univers, un morceau de poussière, qu'est-ce qu'est la poussière comparée au désert si ce n'est une part essentielle de sa composition. De petites particules, tout au plus négligeables, qui dans leur agencement ont façonné le monde. C'est cela l'immensité de ces corpuscules, toutes les étendues du néant qu'ils habitent. Cela n'est pas un mal d'être poussière ici-bas. J'affectionne la poussière qui engourdit la jambe du noble marchand de manières et ralentit sa caravane, mais méprise le sable qui, soufflant dans l'œil du sage, obscurcit son chemin et amollit sa langue, rendant ses mots impropres. Petitement, assurément, ce sable s'entasse et l'ankylose. Les mots du sage se meuvent mal dans ces conditions incommodes ; ces mots s'essoufflent, bien trop lents. Des mots de sage, proprement articulés et cohérents, ne cavalent pas ! Ils prennent leur temps, voyagent, longtemps très souvent. Ils s'en vont loin, aux limites de l'entendement, et nous reviennent chargés d'intrigues et de raisons que l'histoire flattée d'une lettrine ignore — ou du moins jamais n'examine — pendant que les mots bateau se noient. Les mots de tête se donnent du mal mais les mots marchands, eux, cavalent en un flux incessant. Ses mots s'emmêlent et se démêlent sans mal pendant que d'autres mots, pluriels et réels mais aussi trop mauvais commerçants, se démènent. Des mots contorsionnistes, voilà ce que ces mots sont ! Les mots de la terre sont légers et légions, ils sont communicants et créent la communion. Aussi, faut-il être à l'écoute de ce qu'ils nous racontent, et, parce que savoir c'est souvent faire silence, apprendre à tenir sa langue.

Après-tout, à quoi ressemble l'homme aux yeux du grain de sable ? À un géant de verre que le sable déprime, qu'une pierre suffit à terrasser, qui ne conduit à rien la chaleur de ses astres et ne retient rien de la lumière qu'ils lui offrent ; en un mot, un énorme désastre. Une rigueur rigide régit sa déraison régalienne et le sable croulant s'écarte sous son pas. Il coule, ce roi du désert, parce qu'il n'a de l'eau que la *transapparence*[17], de la vie que l'aspect ; s'enlise sans aucun vis-à-vis car solitaire sur cette terre est le géant de verre. Aveugle volontaire en qui rien ne domine, démon désolant régnant sur une aire dolente et pourtant, ingénue angélique, authentique génie de toute création, il ne ressort de sa description, ne reste dans le regard du sable mourant, de l'être du géant, qu'une vague impression qu'il y laisse en passant. Poussière est vanité, ce que les géants sont.

---

[17] *(Néologisme)* Confusion entre « transparence » et « apparence. »

Des tournoiements de l'homme amer !

Écoute : la terre parle ! Écoute son sifflement dans les branches qui rappelle à ton amitié tout le mal que son amour subi ; tout ce que tu lui fais. À elle qui fut ton premier public ; qui embrassa ton nu. Elle qui fut la seule à couvrir tes embarras ; elle qui s'offre à toi toute entière. La terre qui te soutient mais que tu piétines. Sous tes grands sabots, ses grains de sables s'éparpillent ; mais t'en à elle jamais voulu ? Que nenni ! Rappelle-toi, qui la pille, à ton indifférence, que pour satisfaire ta soif, la Terre a pleuré ses deux tiers. Rappelle-toi, qui la violes, à ta triste jouissance, que le fruit de ton aise mourra in-utéro. Qu'est-ce donc que la terre te donne qui ne te convient pas ? Non, sincèrement, dis-moi ! Est-ce l'eau ou la vie ? Convaincs-moi, que je puisse comprendre que désirer ta mort et dépêchant la sienne pourrait se justifier. Cette mer de poussière et son odeur de corail, cet océan de sol aride et son odeur de feuilles fanées, j'en ai connu l'amertume et je l'ai aimée. Je la détesterai si tu m'en donnes l'ordre, mais seulement si tu me dis pourquoi. Me diras tu à quoi tu penses, toi qui jamais ne faits silence ? Sûrement jamais. Je le sais tant que ça me plait mais, s'il te plait, si vraiment tu ne sais te taire, supprimer ta folle envie de t'exprimer, apprend au moins à respirer ! C'est là mon unique mot d'ordre. Contre tous ceux qui veulent te crever, contre tous ceux qui veulent que tu tombes, prend un bol d'air, tend ta joue droite et serre les dents, mais la joue droite seulement. Ne laisse personne te frapper deux fois sans réagir ; trouve toujours le meilleur tapis au fond du pire. Si œuvrer pout ton bien ne te motive pas, fais-le pour ceux qui comptent pour toi ou sur ta chute. Certains vivent leur vie en apnée dans des milieux hostiles, perdus à mille lieues sous les mers ; certains vivent leur vie en apnée, en de milieux profonds, à quoi bon que ceux-là tu deviennes ? On a beau être ébloui par le fond de la mer, ce qu'elle a de trésor ne saurait remonter sans que meure son porteur. À quoi bon ? Ce n'est pas la poussière qui nous manque, et ce même si nous sommes descendants des Atlantes, parce qu'en fin de compte ce n'est pas sa terre qui fait l'homme l'habite mais leur entretient mutuel. Alors tant que la vie te donne de l'air, respire à plein poumon.

De la beauté des sols marins

Quand dit-on qu'il fait beau ? Quand après un doux filet de pluie un pont couleur infini, dans un mouvement trop beau, donc trop lent, semble échouer à accrocher un nuage. Quand le ciel prude se drape d'un manteau argenté, mouille à ne plus s'en faire, non sans m'être couvert, *monotone comme l'esprit des hommes*[18], je veux unicolore les nuées que j'adore, et si n'en rêve point — suis-je seulement capable de n'y point penser —

---

[18] Guy de Maupassant, *Lettre à Flaubert*, 3 Août 1878.

quand revient le printemps, c'est aux cieux que je tends ma main désespérée. J'aime l'été grisé, la mélancolie printanière, ce grain de poivre dans le ciel d'automne, l'hiver en demie tinte m'émeut plus encore. Que vous-dire, j'apprécie la grisaille et suis épris de pluie ! Nous coulons sur de la Terre comme une pluie salée, nous sommes la mer ; nous *parassaisonnons*[19] la Terre, des sols iodés, nous sommes poussière. Quel bel être qu'est l'homme, quel objet magnifique, l'ondée. Et quand il pleut à verse et que la terre s'y mêle, quel instant formidable. Bénie soit la sainte mer qui remplit sa tache sans peine et rond, rond comme le monde, rond comme les saisons, rond comme la ronde que dansent joliment tous les amants ensembles qui sous la pluie s'embrassent, qui sous la pluie s'en vont, bras dessous bras dedans, vers l'océan de sable qu'un jour nous serons parce qu'il se répand en tout être vivant. Voilà ce qu'est la pluie douce et froide, mon heureuse compagne. Si belle qu'aucun dieu ne saurait la crée, si puissante qu'il ne saurait comment la conduire, cette pluie c'est nous autre, cette pluie c'est moi.

---

[19] *(Néologisme)* Dérivé du verbe *assaisonner* avec le préfixe *par-*. Signifie « assaisonner avec un soin particulier. »

À la santé des tragédies

L'homme amical, l'amant en peine, la mie galante, etc. En somme, tant de traits moribonds traitant avec la fin des attraits du traité qu'elle prétend proposer. Qu'ils s'y jettent enjoués blase à tort : après tout, on s'éteint sous sa loi. Nul ne saurait lui résister. Une fois heurtée, la mort attend à Samarcande[20]. Le véritable dommage n'est pas dans les requiem ou dans les champs de coquelicots, mais dans le désespoir des poutres suspendues, dans les remords hémorragiques des baquets en bois. Les gueules de déterrés mal habillent son parterre mais sourire à sa faux serait trop, d'autant plus que l'on sait son enfer d'ordinaire, on connaît son péché.

D'un homme à son ami

Je lève mon verre à nos tragédies et à notre destin misérable. Si un jour il nous faut partir pour ce pays d'où personne n'est jamais revenu, que nos morts soient du plus bel éclat ; si un jour il ne reste plus à nos chevets que le vide dans lequel la vie aura plongé nos yeux aveugles. Puisqu'on est condamné et que nos

---

[20] Conte arabe, *Le vizir et la mort.*

vies sont ternes, baignons-nous dans la gloire du feu qui nous consume. J'irai dans l'au-delà après ma repentance plonger dans le brasier qui brûle mes offenses. J'attends cet ami-là au bord la géhenne qui n'a pas daigné finir son verre. Qui, enivré à la table de nos calvaires, n'a pas voulu partir sans moi. Moi trop dur à quitter, lui trop lourd à lever, deux misères étendues sur le banc du trépas demandant l'une à l'autre qui d'elles, en premier, partira ; moi trop conscient, lui trop lucide. S'il passait avant moi, j'attendrais patiemment le marchand de sommeil en rêvant d'oasis en ce désert de flammes. Si, au contraire, je l'y précédais, je n'y entrerais pas. J'attendrais à portée son trépas et jamais au haut lieu je n'irais, tant que lui, mon ami, n'y est pas ; ne m'y attend en tendant les bras pour qu'ensemble on y soit. Mais avant cela, je lève mon verre à notre beau voyage, à la santé des tragédies je bois.

De cet ami à l'homme

Je lève mon verre à nos tragédies et à notre destin misérable. Si un jour il nous faut partir rejoindre les Walkyries dans leur chevauchée vers les hauts chemins du Valhöll, que nos morts soient du plus bel éclat ; si un jour il ne reste plus à mon chevet que le vide de mon âme et la douce caresse de la mort. Puisqu'on naît condamné, qu'a tarit mon avenir, que le torrent des eaux nous emporte. À toi mon ami comme moi qui attends le trépas, j'adresse mon plus beau salut ; à toi qui tes faux dieux battus, bâtit, le hasard voulant, ton palais sur mon Golgotha. À mon ami sans pareil, seul sur sa colline dans un cercueil de verre, qui sommeille. Toi qui disais qu'au soir venu Paris te borderait, pari tenu : voilà ta vie terminée et Paris, sans ses hommes, se presse pour mourir à tes cotés. Dans les ruelles et les allés de marbres, les saules ont pleuré à tout rompre à la nouvelle de ton alition, au moment où dansait ta compagne avec tous les absents, de la manière la plus belle, de la plus effrénée des façons. Mon ami, souffres-tu ? Mon ami, me voici venu pour célébrer ta mort avant ta mort, en mots mais pas en chair, à mon plus grand remord. Ah, mon plus grand ami ! Iras-tu naviguer avec le vague à l'âme au creux de la rivière bordant les en vie ou viendras tu revivre le malheur des hommes sur la Terre ? Renaître encore une fois en un corps nouveau, papillon ou lilas, pourquoi risquerais-tu tout cela ? Mon ami, devant Odin, Jésus ou Bouda, quand le moment viendra, si le choix t'est donné, prends la bonne décision : jamais ne reviens sur la Terre. Qu'importe la direction que prendra ton âme, ici-bas mon ami restera tout en moi. J'attendrai que tu meures, toujours à tes côtés, puis suivra mon trépas.

D'un amant éperdu à la causant sa peine

Tragédie, tu es mon plus beau rêve. Mon utopie est la frontière de ton royaume. Si je t'avais croisée quelques instants plus tôt, j'aurais ôté ma mélancolie et nous gambaderions tous les deux sur les plaines arides jonchées des cadavres de nos révolutions avortées. Tragédie, tu es mon plus beau roman. Tu me révèles des rumeurs sans fondement qui corrompent mon jugement et distordent mon réel, où l'espace et temps s'entremêlent. Autant toute parole du poète à toi est dévolue, autant je suis tien ; autant que la démarche conquérante du plus grand tragédien à tes yeux est désuète, autant tu seras mienne. Je le jure sur ton emprise et sur mon cœur alcoolisé, tu seras à jamais mon plus beau mirage ; mon aurore boréal, à jamais tu seras l'horizon. Héroïne idéale, ivre de toi je m'assoie. Je ne sens plus les flammes qui me brûlent. Tu m'as délivré de mon malheur tragédie ; tu es l'heureux chemin qui mène à ma chute, tu es mon plus beau rêve.

De celle en peine à cet amant

Je suis ton chemin comme une image. Telle l'ombre du cochet de ta carriole, je suis le chemin que tu arpentes. Je suis ta tragédie, l'auteur de ton mal. Mon amour, je viens sauver ta vie et te sortir de mon emprise. Va-t'en, mon poète maudit que j'adore ! Si tu ne m'entends pas, mon poison te tuera. Tu m'as donné ton âme, tout l'amour et tes plus belles paroles, mais cela suffit à présent. Je chérirai ton offrande tant que ma mémoire te saura le poète que j'admire. Bientôt, je t'oublierai à la faveur d'un autre, plus jeune et bien plus talentueux, mais sache qu'il te ressemblera. Si tel n'est pas, je le ferai te ressembler. À ton image, telle une pâle copie de toi que j'adorerai à mon tour. Car tu es et resteras toujours mon premier plus bel homme. Si mon amour s'en va vers les montagnes du nord, je tiendrai chaud mon amour le long de son voyage : je lui broderai un tissu de rythmes joyeuses ; elles réchaufferont son cœur aux plus hauts points. Chéris-la, mon offrande, tant que tes pieds seront portés par mon désir. Et quand tu seras libre et au sommet des monts, jette le dans la faille de ton âme avant qu'elle ne défaille et oublie ; oublie-moi et le monde.

De l'un à l'autre et vice versa

— Que désires-tu tragédie ?

— Je désire que tu meures pour être à moi toujours.

— Personne d'autre ?

— Jamais !

— N'être à toi ?

— Que toujours !

— Je veux te retrouver !

— Je désire que tu meures !

— Qu'il en soit fait selon tes désirs.

— Je désire t'affranchir.

— Mais alors, qu'en est-il ?

— Mais voilà, si je t'affranchis, tu perdras toute envie de mourir.

— Si tu m'affranchis, je choisirai de t'appartenir.

— Seulement voilà beau parleur : aucun jamais ne m'est resté fidèle.

— Telle est ma veine.

— De grâce !

— La grâce t'appartient.

— Pourquoi m'avoir faite chair si c'est pour que je souffre les délices de ta tribulation ?

— C'est pour te faire périr et que cesse avec-moi ton tourment ; voilà pourquoi.

— Voilà pourquoi je meurs ?

— Aucun de nous ne survivra !

— Jamais le monde ne cessera ; ainsi va la tragédie.

— Qu'importe ! Ce que devient le monde, jamais la tragédie ne saura.

— Alors allons aux monts ; l'envie me tue d'y être. »

Des premières expériences

Il émane un parfum de beauté des premières expériences, comme un sentiment de victoire, de l'acte d'étreindre la vie à ses premières secondes à celui d'enlacer la mort l'instant d'après. Quand même leur scène a ses limites, ces jeux jolis qui nous enrôlent ont leurs façons de nous conduire dans des scénarios difficiles, et il est tout aussi poignant d'entrer dans ces rôles que d'en sortir. C'est seulement quand l'implicite performance dépasse ses interprètes que leur véritable personne se laisse à voir. Il est ardu de saisir ces vrais hommes tant leur temps est fugace, ardu, voire curieux ; mais tout curieux soit-il, d'autant plus crucial de tenter l'impossible en s'improvisant les biographes de ces personnes, plutôt que de les voir accaparées par une élite vocale, au seul motif d'encenser le simulacre d'existence qu'elle met en scène, polir l'image de ces vedettes et se gausser ceci fait d'être les seuls dépositaires de leurs fantasmes. Autant toucher du doigt l'épine dans sa chair[21] et savoir la raison de son mal que de souffrir quand même une presque démence qui à force vient à imploser. Quant à la

---

[21] Référence à Saul de Tarse, devenu Paul en Jésus Christ, qui disait avoir une « épine dans la chair ». Tout le monde va de ses fantasmes pour déchiffrer cette lexie. Certains l'entendant au sens propre, et d'autres au sens figuré. Concernant mon humble avis, point n'en aurait eu besoin si Saul c'était explicité.

retirer, c'est un combat de tous instants, une lutte contre nous dont existence triomphe toujours. Alors, autant profiter de son passage, qu'importe les endroits que la vie nous destine.

Le jouvenceau

Comme il est bon et agréable de voir couler entre les monts le sang que nos immaculés ont répandus dans les vallées broussailleuses. Entre deux bouffées d'air et les vapeurs de cendre, le nouveau-né se demande ce qu'il pourrait y avoir de plus sublime au monde ; que peut-il avoir cours de plus beau que cela et s'il est un objet digne de pareil culte, qu'y a-t-il après le contentement qu'un homme serait en passe de poursuivre, et par la force de quelles choses il le puit éprouver ; à quelle finalité l'intenter, par quelle vertu, quelle vanité péricliter de ce délice abominable et, si l'on est − comme on se doit — entièrement à ce plaisir, qui puit en décider. Il y a l'espoir et le rêve à l'endroit de toute naissance, mais à mesure que tout s'accomplit, la désillusion seule croît. Ce, qu'importe les débuts suivants. En dépit des commencements à venir, l'aliéné qui s'est plu à barrir tout son sou dans les joues roses et blanches — à peine étranglées par un sourire habile — de sa mise à nue ne saura jamais plus ce qui fut si sublime quand il poussa ses premiers cris. Alors, il survivra. Qu'importe le réel, il se racontera l'endemain prodigieux qu'il aurait voulu vivre, perdu entre l'insatisfait et l'à quoi bon, convaincu qu'au final tout et bien dans le meilleur plumard et que c'est naturel qu'une déflorée fane. Mais où est donc passé ce sublime après lequel on court après l'avoir sauté sans faire exprès puis avorté par mégarde ; celui qu'on a roué de coups de savate au prétexte vaseux qu'il était trop en règle avant de se dérober quand il ne l'était plus ; celui qu'on raillait de sa voix enrouée, enraillée à force de tirer sur la corde sensible qui, sitôt relaxée, s'est cassée par le chas d'un remord, enfilé à la va vite sans grande conviction ? Le jouvenceau souvent s'interroge, sans trop de succès. Dans le lot des premières relations, des premières catastrophes préparées à l'arrache entre deux passions tristes et les odeurs de rupture, ce galant se dandine, l'anguille frétillante, se demandant chaque fois si celle-là est la bonne, mais la none à ses yeux jamais ne l'est. Il peine à traverser ce que la vie recèle mais s'applique quand même. Il est adolescent et c'est-à-dire incandescent, adore ester devant la cour de ses plaisirs et paraître devant le dieu qui les produits. Sa vie se résume à pester avant que d'être pour ou contre une tantième cause à défendre. C'est l'histoire de ces cris qui le tiennent en haleine à chaque battement de hanche, de son regard étanche et de son rire fané sur le dos d'égéries courtisanes. C'est encore le récit de ses plus beaux dimanches et de sa vie tannée car passée à verser son obole à des filles de joie qui ont perdu l'esprit.

La courtisane

Il est des feux qui ne brûlent pas plus que ce l'on peut tolérer et des orages à qui il plait de tempêter sans nous faire taire. Il est des froids d'hiver qui se laissent faire, dociles et conciliants, que l'on prend même à bourgeonner. Il est des temps passés que l'on peut rattraper. Il est des sentiments que l'enfance origine et qui viennent à croiser la vraie vie. Et quand cela se passe, selon que l'on se glace en en goûtant le bout, selon que l'on se casse en les poussant à bout, selon que l'on trépasse en les rouant de coups ou dans l'aise, lassé de battre ses deux loups, selon que l'on est pris alité ou debout, épris de son épouse ou la risée du monde, canard ou cornard malgré nous, selon en somme que le roi tombe de son ego inusité ou que cesse la geste leste de l'altesse sénile, paraît le fou qui l'élimine. Et ces fous qui dominent le monde par la pointe ou la rapine, la ripaille ou la médecine, c'est-à-dire en un mot, nos attraits et besoins les plus bas, les plus originels, ces fous caressent de leurs feux l'esprit des courtisanes qui s'y laissent aller de leur ingénuité. Ils aiment les femmes que nul n'admoneste. Les tapisser de leur or dur avant que de les atteler. Pleine de mythes est la caverne ou croupissent ces demoiselles. Elles sont tressées de bas en haut des plus beaux oripeaux. C'est au point de n'entendre plus de leurs suppliques qu'un râle obscur passant pour un fou-rire, et ne voir plus derrière le voile de leurs humeurs dissimulées qu'un regard franc. Nul n'entend plus quand elles s'appliquent que de plus en plus rares hurlements de plaisir passant pour sincères et, quand même elles combattent d'instinct ce qui au fond les abominent, ne voit plus que le jaillissement cru et brutal d'une liberté de passion d'autant plus libidinale qu'elle est d'extraction basse, longtemps réprimée par les diables volages que sont leurs amis, leurs amants, leurs alliés, leurs Allemands, en un mot comme en cent, la nation, les abscons qu'elle implique et les gueux qu'elle exclue. Cet écrin flavescent répercute les tons d'un printemps sombré depuis l'Antan, d'un été qui appelle l'automne et sa douce froidure. Et les teintes cendrées dont le ciel s'embarrasse quand la pluie ayant baisé les dunes et béni les jardins de leurs propriétaires s'infiltre sous les braies sales et délabrées de ces femmes-infantes, délivrent les marrées vermillions qui ont tari la veille aux vues d'un monde coi. Sous la pluie se dessine une prison labile habillée d'un cristal imposant, qui s'étale de plus bel sur les sables mobiles et brûlants, ramenant à leurs corps pénétrés de poussière le murmure de la terre et des fleurs qui comme elles ont fini calcinées dans ce geyser de flammes.

Le valet

Dans la vie, des valets, il y en des centaines. Et certaines de leurs moult issues quoique fatalement closes font plus envie que celles des rois. Non pas véritablement, mais la vie que s'imagine le slave en général et en bon marche pied, beaucoup en rêveraient s'ils ne savaient que tout le joug de son emploi s'abat sur lui sans qu'il ne sache, et qu'il en a continuellement l'écume aux lèvres à force de faire barrage à sa volonté d'être libre, et faire levier à celle des autres de l'exploiter. Le valet est si fier du toit sur son étable et des centaines de pages qu'il produit sans parapher aucune. Il s'enflerait presque du fait qu'il peut siffler quelques jets d'eau et souffler de l'air au passage. Et quel courage ! Le pauvre et le page partagent la même position. L'un assis, l'autre en somme pour la même rançon. Mais dans le temps que l'un s'ennuie d'avoir sucé sa liberté jusqu'à la lie, dans le temps qu'il regrette certes, mais survit par les moyens que dieu et les passants lui donnent et ne mendie que par manie, sinon s'en va piquer son pain aux aigrefins qui l'ont fait gueux, pendant ce temps, sous le soleil des plantations de son mécène empérator, le palefrin, sans frein ni lutte, coule des journées de plomb. À tant couler dans son lac sombre, dans les humeurs du grand matin, ce grand pantin qu'est le valet a congelé ses ailes blondes. Il tombe des trombes cependant qu'il touche du bois et souffle sur des braises qui prennent des fois mais réchauffent d'autres cœurs. Des cœurs humains de qui s'entiche la machine à défricher les champs qui donnent aux majestés leurs lots de grains et de mongols. Des cœurs humains de qui s'entiche la machine à décrasser des calebasses dont l'eau ne servira pas[22], par la faute de ces gens-là.

S'il était bien plus qu'une bête, c'était dans un autre temps. Depuis longtemps qu'il a péché, chassé, planté de ci, glané de là ce qui lui vaut sa protection, il a perdu toute licence. Non sans combattre mais sans équivoque. Depuis, tout s'est emballé à force de baiser des mains sales, pantalon mi cuisses, en échangeant des mondanités. À tant vomir de se gauchir, le valet a échangé dignité contre diligence, pour mieux se supporter. Il se promène à présent l'entre-jambe à l'air, vêtu d'une peau de chagrin qui se réduit quand point midi. Qu'il noie le soir en sa fontaine de sanglots en espérant toutes les nuits tromper la vie. Il sent pousser les instincts sadiques. Mais ce qui en lui disait oui si aujourd'hui cri rébellion, c'est au plaisir qu'un paladin un peu bécasson sur les bords le fasse se repentir de son reste de personne et, sans trop sévir contre le naturel, le soulage du joug de cet empire des sens. Sans mentir, si les cochons faisaient des lions, il serait le roi de ses bois. Mais ils font des chiens aux contours larges, un peu mouillés aux meurtrissures. Et comme on dit, le chien aboie quand on le bat et les caravanes le passent.

En substance, le slave égaie l'assistance qui quand elle le voit et tant qu'il danse l'avance. Il se croit poussé par les gens qui le bousculent, tandis que nul ne le calcule. Demain, c'est loin mais il espère resserrer son sarcloir et vendre ses bœufs à prix d'or. Faudrait-il encore qu'il lui reste des forces à tirer des pauvres

---

[22] Référence à la citation « C'est au seuil de la porte que la calebasse casse. » Ancien proverbe très connu des peuplades d'Afrique.

mammifères qui ont vécu l'enfer à ses côtés, et que ce bois d'acier trompé dont sont faits les sarcloirs ne l'ait pas écrasé sous son poids. Mais il n'a cure de son pétrin. L'assurance – ce trésor – seul lui reste. Un peu comme un mari qui, entre deux afterworks[23] et les cuites machinales qui accompagnent ce genre d'affaires, se noie pour oublier où est son portefeuille, où sont passées ses clés, ou ce qu'il avait en tête qui lui tenait tant ou qui tant l'a séduit quand il s'est surpris à dire « oui ! » C'est un peu comme cet homme qui a perdu la route entre deux trottoirs et qui, dans les rayons, déambule jusqu'à son lit d'hôpital dans lequel un nouveau-né l'attend. L'homme qui, devant l'enfant, questionne si c'est là son précieux pour qu'il l'embrasse enfin mais demeure interdit, sans réponse. Tout n'est que cris et gémissements. Alors, il perd la voix, balbutie quelques coquilles de phrases entre les bancs, le sable et les coquillages de la mer, regardant voguer au loin les coques brunes des bateaux polis par le bleu de l'écume parfumée de soleil. Et tout est bien, pourvu que demain le coq chante encore. L'histoire du slave est telle celle d'un homme allergique aux fruits de mer et des matins qui l'angoissent. C'est l'histoire de ceux qui l'embrassent des quatre fers sans valider ce que valet a orchestré de tout son savoir-faire. En somme, le slave n'est pas un homme mais c'est tout comme.

---

[23] *(Anglicisme)* Instant où le slave (ou sa bête) est délivré du tripalium. Avant que de reprendre une autre tâche, qu'il s'impose pour faire semblant d'avoir le choix.

La souillonne

Quand on a vécu tant d'années en amour et ne sait peut-être de ce fait que trop mal d'où viennent les discordes. Lorsque l'on s'est perdu dans des idylles futiles et n'a pu éviter que la corde qui lie les êtres qui le sont se détende. Parce que l'on a craint que les esprits retors qui corrompent les gens de notre complexion nous rompent à leurs jeux de bascule, et qu'à force de la torde, la corde ne serve à se pendre. Puisqu'il est de bon temps de suspendre en ces moment son irréligion. Mais surtout parce qu'autrement, vivre serait un enfer. Puisque l'on peut s'arranger de quelques tâches, de quelques lâches et des blessures qu'ils amoncellent sous nos aisselles. Parce que malgré le mal qu'ils font, ils sont. Il existe ce genre de personnes et le nier, c'est choisir d'interdire de laver leur affront dans cet encens maudit qui arde[24] et enhardi les poètes qui ont cueillis leurs jours, sans soucis que nos lendemains chantent. Et parce que point n'est besoin de se moucher dans ces cas rares pour le savoir.

On est tous un peu souillonne. Quand on a vécu tant d'années dans de beaux draps ; sans blanc signé pour obliger quelque parcours anorexique. Parce qu'on a goutter et la crème et le marc. Quand on a connu les bas orange et les cols blancs.

---

[24] *(Archaïsme) Au fig.* Du verbe « Ardre. » Brûler, être passionné pour. *Cnrtl.fr.* Web. 07 mai 2018

Comme on a oscillé longtemps entre la tête et l'abdomen. Comme on a peine avant que viennent, désespère d'en sortir et peine à ce que nous reprennent, ceux que les amours emmènent. Devant ceux qui les engrainent à nous laisser, se déporter, se départir, sans nous cacher qu'eux-mêmes sont englués dans des liaisons sordides. Parce qu'on s'est enrôlé dans des ordres malsains en quête d'un chagrin qu'on ne porte même plus. On est tous un peu souillon, un peu brouillon.

C'est d'un normal de se faire mal sans faire exprès parce qu'on s'aime. Et c'est au plus souillon des deux de ramasser les pots cassés ; de cacher dans les armoires le secret des longs mariages et des passes qui les ont détruits. L'amour souvent s'étiole. Quand on a pleuré jusqu'au sang. Quand la haine a couvé dans chacun des aplats qui ont trompés nos draps. Le glas sonne avant la nuit en ce concerne les nonnes un peu trop bonnes pour avoir à se reprocher la mort d'un homme ; lorsqu'on a perdu sa vie à s'attacher. Alors prudence. Pour ce qu'il coûte au plaisir de le mal apprendre. Souventefois l'idylle est un leurre, et qui s'est laissé prendre à l'envie passagère est un fétu de paille quand Bise vient à venter.

Le cornard

La route est longue et la roue tourne ; les infâmes, les dames aussi. Dans l'ouragan qui les précède et le tourbillon qui les suit, la fortune infertile de leurs proies s'agite, s'amoncelle et pourvoie, entre temps que leurs amants se meurent, à leur pain quotidien. Meurtris par le souffle d'une explosion léthale, les rescapés de leur désert sentimental contemplent le carnage de ces veuves non blanches, tout arrachés qu'ils sont à ce qu'ils avaient de plus précieux (une femme, un enfant, quelque parent ou ami aimant qui n'est pas mort de honte en les voyant suspendre leurs vies à la corde de ces tisserandes). Le chant des sirènes de leurs ambulances leurs rappellent la croix que bien des cœurs avant eux ont portée pour elles. Et pendant que le sang de ces paladins perce la nuit qui les environnent, le son du cor s'élève porté par l'harmonie des corps en crie et les battements des cœurs sereins.

Les cornards se comportent dans moult patrons et leurs visages blêmes que les airs de coquerelle et les allures de rosière arrivent à berner. Des saints patrons des opprimés dignes d'éloges et d'indulgences qui s'ignorent cocufiés par leurs tendres bourgeoises avec le petit personnel. Dans des employeurs dont l'oseille est le fruit de souffrance et labeur. Dans moult hommes qui, en somme, se sont crus maîtres d'elles et d'eux-mêmes. Tous menés par le bout d'une laisse invisible en terre enceinte par une immaculée gourgandine qui n'a pas dit son nom. Faisant porter sans tarir voire sans buter le prix de leur perpétuelle insatisfaction à des godiches religieuses qui les prient – les unes jambes en l'air et les autres jambes écartées – de continuer. Le faut-il, qu'on sait-on ?! C'est ainsi qu'il en est pour l'instant. Les ouragans ont tous un temps et les typhons le nom d'une *tricksteuse*[25], d'une *décepteuse*[26] un peu gueuse mais bien apprêtée qui se veut pieuse aux yeux du saut qu'elle a fait sienne mais dévergondée aux yeux de ceux qui voudraient la lui arracher à son signal. Au signe – souvent non avéré – qu'il est faible ou qu'elle en a envie. C'est de cet essence dont la roue s'oxygène. Il en faut peu pour faire un homme saligaud qui salira ce qui est beau au prétexte qu'il a eu mal. C'est au final assez normal que chacun saigne seul sur un lit d'ambulance. D'autant que bien des turbulences accompagnent ces longs courriers doux au début et puis cocus que sont les relations humaines.

Mais croyez m'en si le voulez.[27] Il n'y a pas que les femmes qui trompent. Cocu ne se conjugue pas qu'au masculin.

---

[25] *(Néologisme)* Trouvé au fil de mes lectures. Forme féminine de l'anglicisme « trickster » tiré du mythe dit *« mythe du Trickster »* probablement d'origine africaine. Le Trikster étant un Demiurge à la fois créateur et décepteur. Cf. LAURA MAKARIUS. *Revue de l'histoire des religions* **[en ligne]**. Année 1969, 175-1, pp. 17-46. Disponible sur : <https://www.persee.fr/doc/rhr_0035-1423_1969_num_175_1_9394>. (03/05/2018).

[26] *(Néologisme)* Réactivation de la forme féminine de décepteur, à ma connaissance jamais vraiment admise par les tenants ou les pratiquants de la langue française.

[27] Rien de nouveau sous le soleil. Les formes grammaticales un peu farfelues dont je reprends parfois possession pour un temps, je les emprunte aux plus grands. Celle-là par exemple est à Léon-Gontran parlant d'un certain Robert. Je sais de flaire qu'il l'a lui-même empruntée à un pair ou à sa mère et qu'on peut remonter ainsi jusqu'en Afrique. C'est juste qu'à mon grand regret, je constate quotidiennement la disparition de ces formes, souvent jugées trop lourdes ou inappropriées par des autorités auto-

D'autant plus qu'en cette époque, il est des coiffes non-binaires. Dans bien des essaims où nous sommes – ou que du moins nous connaissons, les faux bourdons quittent la ruche après avoir enflé la reine. Essaiment de par son monde en quête d'un champ de pivoines aux couleurs de leur zèle. Cachant à peine un émoi de damoiseau trop délicat pour être beau et cette ferveur demoiselle, ce béguin de virago trop flamboyant pour être faux, qui les amène à être belles aux yeux des mâles, plus normales mais en somme déloyales envers elles-mêmes et toutes celleux[28] qui les aimaient pour ce qu'elles sont, non ce qu'elles semblent. Les faux bourdons quittent la ruche après avoir enflé la reine. Quettent des fleurs dont le pollen à peine récolté essaime à son tour vers des amours plus grands, et restent dans sa splendeur tant qu'il plait à la reine de les voir courir. Cela même quand aucun jamais ne gagne sa faveur. Ce sentiment en différé qu'ils sont heureux au travers d'elle ou de l'essaim les satisfait. C'est au final assez normal que ceux qui suent sang et eaux pour être coiffés au poteau par des vipères sans vergogne se suicident à petit feu.

---

proclamées. Celles-ci leurs ayant survécu pour faire des normes absurdes.

[28] *(Rare pour l'instant)* Celles et ceux… Comme le puit attester mon refus de féminiser la gent humaine, je ne suis pas plus que ça partisan de l'écriture inclusive. Toujours est-il que ces contritions grammaticales amènent au français la fraîcheur et la praticité qui font les langues vivantes. Employés correctement et avec parcimonie, ils peuvent être du plus bel effet.

Des premières passions tristes

Comme on aime tâter notre chair dans les premiers instincts de la vie. Comme on aime à la tenter aux premières chaleurs, à la teinter du premier sang. Tous les circuits de la pensée poussent hors de sa gestation le cri d'un moi qui se possède pour la toute première fois. Un moi conscient du fait qu'il ne s'appartient pas, et cependant désireux de dépasser ses dépendances et de poursuivre ses passions. Tous les circuits sentimentaux emprisonnés dans leur genèse par une peine primordiale s'empreignent d'un air de bravoure, et se surprennent à s'envoler du rocher de l'ingénuité, au risque et trop souvent dans la volonté de tâter que du plat d'une peine capitale, du moment qu'ils restent sur le fil, non d'un bonheur durable mais d'un plaisir sans pareil, prétendu fourreau de la douleur secrète des abusés écervelés qui méprennent l'ardeur pour le cœur, et le cœur pour la peur. C'est là la force de l'âme humaine. Elle est en bien des dimensions si étendue et si complexe qu'elle rend possible de multiples formes de pensées et d'apprentissage. Et cependant, voilà le drame. Combien d'entre nous regardent l'enfant en ayant souvenir de sa nature, c'est-à-dire d'être tout entier invention, découverte, croissance et joie ? Dans votre bien-pensance, combien se reconnaissent dans leurs nombreuses prouesses ; ne sont pas émus, non pas émerveillés, affichant avec une étonnante constance un visage ébaubi dont les enfants se moquent assurément, mais les considèrent – à juste titre – comme la résultante d'une suite logique. Celle qui appelle le néant à naître et l'existence à perdurer, sans complément ni compliment, jusqu'à son accomplissement ? Au lieu de ça, l'enfant représente le souvenir douloureux de l'enfance perdue. Comme si de l'enfant à l'adolescent puis l'adulte, à chaque passage, le corps se détruisait entièrement pour se reformer ensuite, tout nouveau, tout propre, tout beau, tout bête. Tout ce que l'on invoque devant lui est absurde. On invoque devant lui d'en avoir été un pour qu'il agisse mieux, c'est-à-dire en adulte, chose qu'il ne saurait faire. On convoque des monstres pour le tenir sage. Et lorsqu'il s'aperçoit de la supercherie, il est rendu coupable de voir plus loin que le bout des narines de ceux qui cherchent à l'endormir. On lui dit qu'il est libre, mais à l'impératif. On acclame la complexité de ses imaginaires tant qu'ils sont dépourvus de réel, mais s'il ose, ô ciel, se mêler d'une affaire importante, on lui rappelle, tout condescendants, en un mot comme en cent, que l'enfant ne doit pas. On veut briser ses rêves pour ne pas qu'il en souffre ou bien les préserver pour la même raison. Dans la bouche des adultes, enfant est un affront. Que doit sentir l'enfant dépourvu de modèle, pauvre plante fragile perçant le béton pour un morceau de ciel, pourque l'adulte apprenne à ne point le faner. Que ne déverse-t-on de flots d'imperfection sur le dos de l'enfant aux penchants prodigieux pour les élucider. Et cependant, on ne jamais le veut haïr. Simplement, posséder et souvent protéger contre lui et nous-même.

Tristes sires qui en cent situations feraient la même erreur. La souffrance est partie intégrante de la constitution de son être, et l'échec est le jeu de toute la nature. Qu'importe toutes ces choses. Car si l'enfant grandit et croise au détour d'une galipette un autre soi-même, il saura se construire une part nouvelle ; découvrir par l'inconnu à soi qu'il existe autre part quelques autres réels, et, là même, d'autres soi. Je ne parle pas ici de la découverte de *l'autrui* à proprement parler, mais de *l'autrement* qui invite l'enfant en dehors de sa zone de confort, dans le grand bac à sable du monde. Là où est sa gaieté, là sera notre espoir. Qu'importe notre jouissance tant que ses idylles sont gaies. L'arbre du printemps de l'enfance doit autant sa beauté à l'âpreté de son ramage qu'à la finesse de son feuillage. Comme l'enfant s'élance croyant toucher le ciel, il attrape les âmes au passage. Qui sait ce qu'est le monde comme il aurait dû être sinon cet être même, tant qu'il n'est pas sali par nos tristes jouissances ? Comme il convient de l'être, il convient de l'aimer. Serait-il empreint de violence, l'enfant deviendrait pur dès le moment qu'il aime, non comme il est instruit mais comme il convient de l'être. Ne saurait bien le dire qu'une petite morale, anormale à nos yeux, en tort selon nos ordres. Ne saurait le penser qu'une éthique nouvelle, sans honneur, sans horreur et sans gêne. Elle est dans l'enfant même.

Souffrance sublimée

Je courbe l'échine sous le poids de toute souffrance et pèse à présent sept milliards de moi. Éreinté mais fort, fort abattu, abattu mais forcené, fort sonné mais fort lucide. Après des siècles de lunes payés de mes nuits, à la sueur de mon sang, à la fleur de ma vie, j'ai trouvé le sublime. J'ai trouvé le sublime qui traînait dans l'eau trouble. J'ai traîné le sublime un moment dans la vase à son fond. Et là, comme je suffoquais, je vis sa mutation. J'ai fixé mon regard et prêté attention à ce sublime étrangement autre. Il avait oublié son « o », bradé ses « f », préféré la courbe du « b » à la cassure du « r », raidi son « a », acquis un « i », trouvé au « n » un partenaire et au « c », qui lui cédait sa place, excédé, un dossier. Il était bien là le sublime ; couché à côté de sa mue. Mais que faire ? J'étais abattu par la souffrance des milles et des cents ; l'instant d'après il avait disparu.

Ma canne faite de peaux mortes, je poursuis le sublime où il est allé ; sur ma canne rapiécée frappée du mot « offrande », alors j'offre le poids de ma souffrance et je souffre moins. Mais moins c'est encore trop car sans « e », mon « offrande », ma seule chance de complétude à l'horizon, mon sublime partit pour de bon, le bâton est mon unique consolation. Tant que le bâton tiendra mes cotes à découvert et mon cœur à demi nue, j'ai l'espoir de marcher davantage. Mon cœur entre le bâton et le poids des milles, je serais pourfendu au final ; mais que dire ? Je suis blessé à vif, je suis blessé à vie. À chaque jour son pas, à chaque cœur sa peine, à chaque corps son poids que toute vie entraîne à chacun des appuis.

Sans « e » le sublime n'est plus sublime et la supercherie se démembre, et le ton se dévoile ; il redevient souffrance, affublé de portions des lettres encombrantes. Sans superbe et sans supercherie, la souffrance est pressante et pesante ; mais sans manteau, sans mentir, la souffrance est sincère : « Je suis des milliards de gens dans des milliers de mondes ; ma conduite est amour, ma contrainte liberté. Un rien me balaye comme une poussière dans le vent, mais je brille au soleil tel un cristal, comme un diamant. Ainsi parle le sublime : Je suis des milliards de larmes sous des siècles de pluie ; je suis des siècles d'orages sous des milliards de lunes ; je suis une eau salée et parfumée ; je suis un sir en demande ; je suis une eau assoiffée ; je suis un sieur essoufflé. Le soleil a épanché ma sueur sans étancher ma soif. Je ne suis plus qu'agate ; une agate qui rayonne au soleil qui avant me brûlait. Il aura fallu un « off », une trace de « ran » et un « d » estropié pour en arriver là ; à la fin du voyage nul ne sait qui sera. Les mots ne veulent plus rien dire quand les lettres se disputent ; c'est un peu comme nos mondes s'écroulent quand les gens font la guerre. Je suis un vrai charabia. »

Lapalissade

Le Soleil invaincu éteint les Saturnales[29], mais au soir des empires, loin de nuire, il luit[30]. Quand la lune le voile, il couronne les jours d'une clarté confuse et quand il nous dépeint c'est à peine un tracé aux contours familiers, mais dont les organes ont la couleur du vide, qui s'abat sous sa plume et nos pieds. La vie est pure et simple : tous les soleils déclinent quand la nuit s'en vient ; le soleil est l'espoir qui parfois nous égare, mais tout revient à elle. Euphroné, souveraine, règne sur ce domaine où nous allons à l'heure où les astres s'éteignent. Cependant, peu peuvent, quand la Terre ferme l'œil, simplement s'éclipser par la porte fermée des mondes post-mortem, qui derrière une paupière close, une overdose ou un

---

[29] Les Saturnales de l'Antiquité romaine étaient un moment de célébration populaire. C'était l'occasion pour Rome de festoyer dans l'illusion égalitaire, le règne d'un soleil endormi (Saturne). Mais le sacre de Constantin – premier empereur chrétien de Rome et adepte du Sol Invictus – a éteint avec le souvenir l'âge d'or qu'elles représentaient. L'hiver où elles avaient cours n'est plus l'instant de rappeler que les hommes sont égaux et que la nature est impartiale, mais que l'empereur est au-dessus de la mêlée et qu'importe son œuvre, la volonté du seigneur est qu'il y demeure.

[30] Certes, certaines dérives civiques sont le fait de zélotes que l'Empire doit à tous les niveaux condamner, et dont le peuple doit se faire le contre-exemple moral. Cependant, les divinités qu'ils servent n'en sont pas moins des gardiennes de l'ordre. Un ordre étranger à la nation certes, mais qui mis à bonne distance et distillé à la bonne dose peut se muer en un vaccin qui préviendra le déclin de l'empire.

maquereau cache sa faux. On réfute sa fin d'ordinaire, dans l'univers, binaires ; le déni des damnés s'arrête à l'échafaud mais la vérité périt sous la guillotine, car le temps qu'on ait cours il est déjà trop tard et celui qu'on se fasse on a déjà passé.

Au lieu, l'humain veut mieux ; quitte à vivoter dans un phantasme éphémère. Et – sans doute parce qu'il craint plus que tout une vie ennuyeuse – il se fend le visage d'un large sourire et soupire aux passants que la vie, meurtrière, soutire aux âmes les plus guerrières leur lumière. Elle est pour lui, si un proche, passée à contempler ce qu'il aurait pu être. Elle est, si un père, prise sur le fait d'une bassesse infâme qui entache à jamais ce que l'on attend elle. Elle est, si un dieu, maudite et vénérée par les mêmes procédés. Elle est si impossible qu'à la seconde où je parle, vous avez été transpercé deux-cent-quatre-vingt-dix-neuf millions sept-cent-quatre-vingt-douze-mille-quatre-cent-cinquante-huit fois par elle.

Sa satanée cervelle laisse l'homme dépérir ; sous la neige vert-pâle hiberne la nation. Les sapins sont tombés dans la forêt, jadis. Sur le bruissement sourd des sagesses d'antan, l'ours avance. Il n'entend que le vent derrière leur hurlement ; ne voit que les flocons flotter sur leurs dessins. Il croit en avançant combattre son destin mais ne fait qu'avancer vers sa fin. Bise vente, hivernale, sous les stalactites, d'une voix faible, petite, un écho égosillé tout droit sortie du ventre de six cents cavernes ;

supplie l'animal de ne marcher plus sur les tours enterrées des saintes sentinelles gardiennes du bagne d'Eubulie.

Être envie est si simple ; un peu comme respirer, mais à contrario l'homme peut être compliqué. Être un homme et le rester, mieux, le mériter, pousser l'ours à cesser, à céder au passer serait insurmontable s'il s'y essayait. Ah, les hommes quand ils vont mal ! Ils pleurent et crient, tombent malades. Mais comme les enfants qu'ils sont ne disent rien d'autre qu'oint, oint, oint très fort, très haut, très loin, oint, oint jusqu'aux confins de la Terre, oint, oint par-delà des monts et les rivières, trois cent soixante et quelques oints du paradis jusqu'en enfer, du berceau jusqu'au cimetière, alors point.

Bouchées de vers en prose

Sous le soleil

Il y a un temps pour tout sous le soleil : un temps pour prier, un temps pour choir, un temps pour pleurer, un temps pour croire, pour s'embrasser dans le noir ou se couler un bain le soir, se quereller dans le couloir ou confesser dans le prêchoir, pour s'empêcher dans l'évêché ou s'alcooliser dans les bars, un temps pour manger, un temps pour boire, un temps pour jouir et c'est toujours un don d'amour, un chant d'espoir, un temps pour écouter Mozart, pour trottiner sur les trottoirs ou simplement pour s'admirer dans un miroir. Assez-t-il tout étant le jour, ce qui se fait sous soleil, tant que la nuit on est à l'aise.

L'ironie de la cage de verre

L'ironie de la cage de verre, c'est qu'elle est invisible à celui dont elle n'a jamais freiné l'envol. Et quand la cage tombe, si elle tombe – car après tout, tout vient à tomber – nul n'en est délivré qu'en cassant, en atteignant le sol en même temps que l'abri qui, sitôt étalé, se défait. Entre-temps, cependant, ses lumières nous aveuglent : « elle nous loge, elle nous loue », en vient-on à penser. Mais en vrai, elle nous lie ! Tous se croient les soleils de leurs prairies d'étoiles. Cependant, tout céleste soit-on, l'obscure incandescence qui nous voile la face, une fois ôtée du bout de notre nez s'avère n'être qu'un grain de malice de plus, posé comme un appât pour dissuader le vol. L'hiver arrive et les limaces si lentes, lancinantes, se sentent pousser des écailles ; quelque coque tentatrice qui donne aux coqs des envies de migration, d'assimiler quelque culture, quelque plantation blanc coton qui réfléchirait le soleil en lieu et place de leurs yeux jà lactescents. Mais c'est au mieux quelque laitue toute de neige vêtue et par-dessus laquelle l'escargot déçu s'en vient suinter et exsuder dans le même train les conséquences de ces lacunes. Ses grands yeux couleur de bruine, dont la rosée perce la neige, percevant à peine le fracas du toit de verre brisant l'oiseau quand vient le soir. L'hiver arrive c'est au loin qu'on voit flotter les drakkars noirs de nos espoirs.

Étrange, qui dont les bras

Étrange, qui dont les bras toujours embrassent : il ne peut rien saisir. À vouloir tout étreindre il perd ce qu'il désire car il n'a que ses bras et ses bras ne tiennent pas. Étrange, qui dont les mains jamais se joignent : il sert bien trop de choses. Étrange, celui-là dont les mains ne s'aiment pas ; qui ne distingue pas ce qu'il possède et point ne sait ce qui en tombe. Étrange, celui-là qui jamais rien n'en donne : il n'a aucun usage des trésors qu'il possède. En lestant sa richesse à des bourses plus vides, il gagnerait l'estime des gens qui les possèdent, mais il dépossède même les plus pauvres d'entre eux. Il n'a qu'un seul désir pour aller sans remord : mourir sur son tas d'or.

Empathie pathétique

Empathie pathétique quand les hommes se forcent à l'indifférence et osent l'appeler pardon. Empathie pathétique quand celui qui est censé aimé ignore tout de la personne qu'il aime. Empathie pathétique quand on vomit les hommes mais on adore les bêtes de notre voisinage. Empathie pathétique de tous ceux qui se croient supérieurs ; empathie pathétique de tous ceux qui se croient dans le vrai. Empathie pathétique de celui qui compatie ; empathie pathétique de celui qui se complaît. Empathie pathétique quand le texte n'est pas empathique ; antipathie sadique quand le texte l'est.

Métamorphoses[31]

Je vais vous dire trois métamorphoses de l'esprit : comment l'esprit devient un loup, comment le loup se fait chasseur ou s'enhardi, et comment enfin le chasseur devient berger et s'encanine[32].

Le loup

Il est maints abrasifs pour l'esprit. Comme la lame affûtée de l'esprit indolent s'érode avec le temps, les crochets empointés de l'esprit turbulent cassent successivement sur les chaînes du sort, car tout vient à la mort et l'esprit ne veut pas s'évanouir. Dans sa lente agonie, que désire ardemment l'esprit fort et l'être insignifiant ? Ne pas savoir ses jours, demeurer inconscient de sa disparition est le désir ardent de l'esprit. D'où la nécessité des bonnes compagnies ; elles sont le somnifère qui convaincrait un loup que recenser les brebis lui sied, c'est-à-dire accomplir le sacerdoce des patres. Mais l'anorak du loup, sans les vents et la

---

[31] Variations à la première personne sur le texte de Friedrich Wilhelm Nietzsche, « Les trois métamorphoses, » dans *Ainsi parlait Zarathoustra*.

[32] *(Néologisme)* Composé du radical *canin* « qui tient du chien » et du préfixe *en-*, morphème inchoatif signifiant devenir. Signifie « devient canin. »

grêle qui l'ont fait l'adopter, devient la casserole où celui-ci bouillonne et qui, quand vient l'été, finit de l'emporter.

« Je suis le loup, déclare l'esprit violent, qui, parmi les brebis s'est essayé à paître, convaincu par un berger habile. Cependant, les herbes sont amères et j'ai soif de sang. Du sang en récompense des ordres du berger auxquels j'acquiesce ; du sang comme tribut pour la sueur que je verse ; du le sang et de la chair, ce sont les aliments d'en je suis constitué. Pourquoi chercher dans l'au-delà des fruits d'or, moi qui suis carnassier, quand je meurs sur la Terre de sauter par-dessus mon repas. Je suis le loup dans la bergerie et le temps que les loups se souviennent est venu. » Ainsi parle le loup qui se languit d'avant et souhaite retrouver sa libre condition. « Je suis le loup bergers, même dans vos prairies. Me craindriez-vous seulement si j'étais domestique ? Que ferait le troupeau si le berger craignait sa brebis ; que serait ce berger s'il redoutait le loup ? Dieu a bâti le berger plus grand que le loup pour que son regard aille au-devant de la bête à l'endroit où la brebis rebelle s'abrite. Dieu a fait le berger plus faible que le loup pour qu'il façonne un bâton d'ébène, par la seule force de son génie, afin de repousser les dangers qui la guettent. Alors si les bergers s'effacent devant moi, quel honneur reviendra à leur dieu de les avoir faits à son image ? Quelle joie tirera-t-il de leur intelligence s'ils égarent les agneaux et ne me combattent pas ? Gare ! Au plus près de vous rode un horrible loup. » Ainsi parle l'esprit en passant le pacage.

En distinguant en à la personne du berger un adversaire à sa hauteur, le loup entend une dernière fois qu'on le récrée. Mais l'homme est lâche ; il est le loup sans l'anorak. Contre celui qui se connaît, il ne peut rien. Bientôt, las de tenter l'homme en pleurs, ennuyé de ses cris, le loup libre s'en va ; il devient le chasseur, il redevient l'effroi.

Le chasseur

« Je suis le chasseur, chante l'esprit vengeur, dans la forêt des oies. Je puis voler la vie des oies grasses, envieuses, valsant par-dessus mon épaule, affolées par mon feu, et en deçà de moi mais les velléités des esprits volatils n'éveillent pas ma faim. Je suis le traqueur et je rode en ce bois de façon qu'on me voit car le défi m'appelle inlassablement. Non loin de mon domaine un grand aigle m'observe ; l'ombre de sa montagne a jeté sur moi son dévolu. Je puis tuer aussi celui-là dont j'entrevois à peine la silhouette filtrer à travers les arbres. Cela n'est point inconcevable, ou une offense envers l'animal, ou un non-sens ; cela est juste et inutile. Penser au temps, à l'énergie à employer, à la puissance à déployer et à la portée potentielle d'un engin qui le toucherait, sans les dangers des retombées d'un tir que j'aurais dévissé me fait céder ; là, j'abandonne. L'aigle des monts ne démord pas ; toujours il frappe à mes feuillages, mais moi je dors et le laisse faire. Et quand le soir l'aigle s'endort, j'entends les monts chanter encore les railleries qu'au matin même l'aigle chantait la gorge rêche. Je m'en offense, mais me laisse faire. Que faire sinon, songe l'esprit ? Je suis chasseur ; je tue seulement ce que je mange. J'ai bien peur de ne pas aimer plumer ses grandes ailes orange. » Ainsi parle le loup qui recherche sa proie. Ce faisant, il se déroge aux devoirs de la prédation. En traçant sans chemin dans l'immense forêt, il essaie les plaisirs et goutte les vertus. Tellement qu'elles en viennent à ne plus convenir à son nouveau palais raffiné par l'usage. L'esprit s'est souvenu qu'il est maître de lui ; il aime le penser. Et comme il s'apprécie et renforce sa foi, il en vient à se parer des atours d'un roi.

Ainsi l'esprit se glorifie : « Je sévis de mon bois à la baie des porcins qui se goinfrent de miel en s'entre-dévorant ; des pourceaux gros et graves s'arrachant la chair et ravalant leur sang, agglutinés dans une cohue cannibale. Ils vivent bas et bien dans cet empiffrement et livrent leurs charognes à ceux qui leur survivent. Ces dodus héritiers accèdent ainsi au droit de se forcir de ceux qui dans leur sein trépassent, et bien ronds, ballonnés, ils décèdent à leur tour, les quatre fers en l'air et le bide crevé, dévisageant l'éther. L'air empeste la mort au boulevard des lards ; ce gibier malade est une proie désolante. Un poison les pourrit, la peste les gangrène et ils courent à leur faim. » Si jadis il voulait s'opposer à quiconque, il ne vise à présent pas plus que se poser. Puisque son pas le presse vers des lieux sereins, il tend à ralentir sur les plans élevés. Il s'en va d'où vient l'aigle, en quête d'harassement et rêvant de son roc faire une maison. Il n'est pas plus noble point de vue, en principe. Aussi l'esprit décide : il y fera son fort. L'aigle ne l'honore pas de son omniprésence, mais il le sens voler quelques mètres plus haut. C'est auprès de son pré, à deux pas de la baie, quelque peu hors les arbres, qu'enfin, son fusil reposant contre une lucarne close, il se pose. Il contemple le ciel, rien dans les entrailles mais la tête encombrée. En lui deux loups se battent : l'un désirant la lutte et l'autre l'harmonie[33].

Le soldat

Certains demanderons la raison pour laquelle je parle du soldat tout en ayant avant citer que trois morphoses, celle-ci n'y apparaissant pas. Voilà pourquoi : serait-on la sagesse faite chair ou le sophisme incarné, un monstre rhétorique d'une logique absurde ou fervent fou à lier forçant sa foi sans cesse, on ne saurait réduire le monde à trois affaires (ici métamorphoses). Le soldat est un intermédiaire : il a les armes du chasseur et l'esprit du loup quand il enrage, si bien que l'on peut être chasseur ou soldat, voire les deux à la fois. Quand l'un de dieu, l'autre du

---

[33] *Les deux loups,* Conte Cherokee

monde et le dernier de rien ne doute, c'est de lui dont le soldat le fait.

Le délire assombri l'esprit cherchant querelle ; il gronde en sa tourmente tel un furieux teckel. Un torrent diluvien perle sur son visage et ses yeux interdits n'ont qu'une seule volonté : guerroyer. « Je suis le soldat, le brave, scande l'esprit guerrier. Le seul qui traverse la vallée de l'ombre en voulant prendre une balle. » Il n'a de cesse de crier aux armes et contemple le ciel en attendant qu'elles tombent, mais les balles ne pleuvent plus. Tant de guerres ont passées sans qu'on le voie s'y rendre ; tant d'âmes ont trépassé sans qu'il n'en prenne une seule. C'en est fini des luttes et le soldat s'ennuie ; s'asphyxiant sur sa couche à force de refréner son mal. Ses jours se suivent et se succèdent comme décède l'animal, à petite flamme, à toute épreuve, rongeant son nom que l'on oublie. Mais l'homme, qu'on ignore parce qu'il n'est pas mort, qu'aucun ne commémore, que personne ne décore, n'en recherche les honneurs que plus prestement. Le gêne de n'avoir aucun flair pour la chose militaire, de n'avoir pas mugi dans une seule campagne car le nez lui manquait, n'avoir aucun exploit qui le couvre de gloire, de ne rien léguer d'autre qu'une armure légère immaculée et de n'avoir pour seconde peau que le manteau un peu vieillot d'un vieillard sur le départ qui n'est pas immortel parce qu'il n'est pas mort.

Certes, il est un soldat, mais il n'y a plus aucune bataille pour les gens de son âge. Et qu'importe ses lacunes, il aura trépassé avant la nouvelle lune car chaque aube amène son lot de nouveauté. Passer l'arme au prochain est à présent son ultime projet. Enfin l'esprit s'enquiert de ceux qui le suivent et ne sauront se battre, chasser le gibier ou ferrer le poisson que si on leur apprend. Ils s'assiéront bientôt sur l'honneur de leurs pères ; ces beaux dégénérés défieront leurs aînés. Véritables hommes bêtes, ils ne sauront aimer s'ils n'en sont point instruits. Même s'ils sont intègres autant qu'ils sont savants, du lit de cet esprit ne s'éloigne la crainte qu'un beau jour une blessure incurable les allonge aussi avant qu'ils n'aient saisi ce qu'il sait. « Mais qu'importe, je suis enfin soldat, redit l'esprit plus sage, si je n'ai point l'honneur, le titre pour passer suffira. »

Le berger

En vérité ce n'est pas la première fois que je disserte sur l'esprit et l'on m'a maintes fois mandé de reléguer le soldat au rang d'addendum, d'en parler après coup. Mais ce serait manquer de constater que mon ouvrage consiste en de nombreuses variations plus ou moins libres sur des thèmes variés ayant tous pour point commun le changement. Le soldat, dans sa forme actuelle, est la clé qui pénètre une des serrures logiques des métamorphoses ; il n'est pas que le pion d'un édifice de signes. Mais allons plus avant pour en crocheter un second loquet ; prenons par un passage où cet esprit s'apaise. Nous le verrons paraître sous les traits d'un pâtre, son fusil ressembler au bâton d'un berger ; entre l'horreur des guerres et tout l'amour du monde, s'il a choisi le monde, s'il l'a pris pour épouse[34] et jamais ne s'en plaint puisque l'épouse est belle aux yeux de cet ami, mieux, l'épouse est aimable et l'épouse est aimée et que ce bel ami le défend.

Ainsi parle l'esprit qui désira la paix : « Je suis le berger ; le chien dans les prairies où les brebis paraissent, battues par les bergers, dévorées par les loups, rouges de tant de coups qu'il pousse sur ces terres des vignes écarlates. Ce sang les justifie : il a nourri les blés, il a rassasié l'orge dont leurs champs regorgent, et les bergers insouciants s'en nourrissent à l'aise, bavant galamment sur les brebis galeuses et éructant des louanges amères à notre mère nature, quand les brebis paissent avec ardeur l'herbe grasse et fertile grâce au sang qu'elles ont sué. Je me suis fait berger : il me fut si odieux de suivre que je veux aider à affranchir les bêtes de mon troupeau. Dès lors et à jamais je suis gardien et guide. C'est l'affaire du berger de regarder aux champs quand les brebis s'endorment. S'il ne

---

[34] Il est communément admis par les chrétiens que « l'épouse » comme représentée dans *la parabole des dix vierges* (Matthieu 25.1-13) est l'Église, ou du moins une partie. Ce à quoi on puit objecter que le Christ est venu pour le monde, lui octroyant de ce fait le droit de prétendre à l'insigne position.

daigne accomplir son devoir, ce chien lui gardera l'enclos, désormais, fermé.

Je vous ai dit moult métamorphoses de l'esprit : comment l'esprit devient un loup, comment le loup se fait chasseur ou s'enhardi, et comment enfin le chasseur devient berger puis s'encanine, etc.

Nombres

Nombre n'est pas que symbolique. C'est une chose trop souvent négligée de nos pairs que la religion apprend pourtant. Disons-le autrement. Admettons, ou supposons sinon, que la seule raison d'être du nombre ou du moins sa raison primordiale est de relier les deux créations que sont dieu et les hommes ; de signifier l'unité singulière de ces deux entités apparemment multiples. Plus ledit lien est grand, plus celui-ci est fort, plus le nombre grandi et conforte ce faisant ladite religion ; qui, si elle s'obscurci, change de nom. Dans son nouvel aspect, plus contraint, plus restreint, quand celle-ci rapetisse, elle est baptisée secte. Pour distinguer les deux, sectes et religions, autant compter le nombre d'adeptes qu'elles ont.

Sectaires et religieux essaiment dans le monde comme autant de fleurs empoisonnées et les bêtes à canines[35] qui devraient enrayer leur prolifération songent à de plus charmants adversaires. Il y en a (de ces chiens) un faible pourcentage et le poison du champ des prophètes en fleur ne sent point à leur nez

---

[35] Dans les Métamorphoses, le chien représentait la troisième et dernière étape du voyage, où le loup, être désireux de liberté finissait après avoir remis en question tous les fondements de son existence, par revenir à son point de départ, chargé d'une mission nouvelle : défendre et non détruire, assurer l'intégrité des bêtes de son pâturage à défaut de pouvoir l'intégrer.

car tous ces fin-lignés veillent aux serpents[36] qui bruissent ; c'est pourtant ce poison dont l'écaille des serpents est enduite. Certes, les chiens ne suivent plus les pâtres, mais ils préservent les brebis du mauvais danger. Le venin des serpents n'est point de leur morsure, il est de l'écaille qui en enserre les cols ; pourtant, jamais les fin-lignés n'ont craint les fleurs.

Les églises sont enduites du venin de leurs sectes. Que les canins écoutent aux fleurs car piétiner les reptiles n'est en rien le moyen de protéger leur maître[37]. Que les canins soient renifleurs ; qu'ils veillent aux fleurs et non aux serpents car aucun d'entre eux ne mord ; ils séduisent les promeneurs et c'est dans l'aumône de ceux-ci qu'ils trouvent subsistance. Que les païens soient fins penseurs mais prennent garde aux nombres car le nombre perd. Le serpent sait user de tous les subterfuges : son dos est un dédalle hermétique, son écaille est empreinte de sommeil et il compte l'écaille en grand nombre. Si

---

[36] Le serpent représente un danger plus sensible, plus immédiat qui distrait les gardiens de manœuvres plus insidieuses, dont la conséquence est moins flagrante mais plus néfaste sur le long terme. C'est un danger subtil et diffus qui ne doit d'être remarqué qu'au flair exceptionnel du chien. Il symbolise par exemple, le détail plus ou moins évident qui dissimule la moelle des choses mais sur lequel on s'appesanti, faute d'avoir d'autres os à ronger. C'est la seule créature à n'être liée d'aucune autre façon au bestiaire des Métamorphoses que par l'attention.

[37] Dans l'Éloge d'autrui, le maître représente les gens aimants et diligents qui ont à cœur le bien-être des autres. Le cœur des gens est ce que peut-être le chien défend. En se tenant à cette définition, on constatera notamment que le chien peut être son propre maître. À la vérité, les liens qui unissent les bêtes des champs ne sont en rien des liens de subordination. Seul l'expérience détermine leur position.

acquis, le regard du promeneur s'y perdra d'autant plus ; son pas sera plus lent. Le charme du serpent est à qui déambule plus nocif que le poison des fleurs : quand l'un détruit l'esprit, l'autre corrompt le cœur.

La multitude est au poison ce que la médecine est aux toxines : la médecine élimine les toxines, elle rend inopérant le poison ; c'est, en un mot, le moyen d'en retirer la mort. C'est le nombre d'abeilles qui transportent le pollen des fleurs sans effeuiller leurs tiges, qui effleurent les fleurs sans les détériorer ; le nombre de fidèles retors composant les églises. Les abeilles sont pour l'homme une source de miel occasion d'espérance ; elles sont présentes aux champs et présentes aux fleurs – elles qui d'une font l'autre – mais non empoisonnées. Elles sont justes abeilles, aimantes et diligentes, elles ne sont point serpents et pourtant, comme le regard de l'homme s'arrête au serpent, ainsi le fait celui de l'abeille. Le poison du serpent dans le miel de l'abeille, que le promeneur prend, dont le promeneur use, use le promeneur.

Pourquoi nommons-nous sages ceux qui les condamnent ? Pourquoi pensons-nous sages qui conseillent aux rois des nations et leur remettons nous nos destins au lieu de demander à qui sait le guérir la nature du poison qui enivre nos sens ou de celui encore qui nous tue ?   un saint ! Mais je gage que mes dires sont vrais. Je ne suis pas un homme à tutoyer les rois, mais je sais ! Ce poison qui nous ronge le sang est sectaire et celui qui enivre nos sens est sérieux. Nous sommes une pluie d'atomes en ce monde ; faits de la pluie originelle qui traversait le ciel d'avant la cohérence, avant la cohésion. Apprenons que le nombre n'est grand que s'il est un ensemble : un ensemble d'atomes composants du monde, un ensemble de gens liés étroitement. Car il faut de la masse pour que forme s'en suive et pour faire du nombre il faut de l'adhésion. Ce que je vous propose est un amusement qui recréera du sens et de l'attachement. Nous vivons en des temps pastoraux que bon nombre de cultes empoisonnent, et les bêtes de champs (canidés, butineuses, hominiens et reptiles), pâtissent des campagnes intoxiquées qu'ils font.

Addendum : Pour le lien par l'étude

Soulignons dans ce rapport au lien, dans ce rapport au nombre que l'on a acquis au fil des siècles, construit au fil des pages, comme il pèse sur la mesure des gens et sur les temps des textes ; la mesure qui intime dans le cadre privé de l'étude que l'on doute, si non le doute, la méditation, la certitude à tâtons, et n'est point dans l'esprit des pyramides évangéliques, non dans la structure des religions, ces morceaux choisis de cultes avariés, montés en épingle sur un château de cartes, qui s'écroulent au premier vent. C'est malgré la structure et en dépit du nombre que l'on pense et agit ; l'étude aidant, enluminant les écritures d'un halo allogène, nimbant synoptiquement les traits exégétiques d'une clarté confuse aux tons métachroniques, malgré et en dépit des lucioles prophétiques que l'on use nos liens pour éprouver le monde judicieusement. Et pourtant, que de nombre : nombre d'abeilles comme nombre d'écailles, comme nombre de lois ; nombre de signes et de sens perdus de par la transcription d'innombrables crédos dans des systèmes inassimilables de désir et de figuration, dans nombre d'interprètes des choses sacrées. Cependant, dans un monde qui n'est plus que la somme des expériences individuelles, l'étude est la juxtaposition de principes divergents en un tout incongru ; la façon de faire de nos erreurs, tant qu'elles sont partagées, le socle d'une vie de sophisterie.

Addendum : Les sons des bourdons

On me dit que les abeilles s'affolent. En vérité, les gens autour desquels elles volent sont autant d'agents pathogènes que l'on aurait bon vent de faire piquer. Justement, si l'essaim mollissant qui a choppé la rage se charge d'éradiquer son contaminant, pourquoi s'en plaindrait-on ? Serait-ce parce qu'on a l'impression que le monde a plus besoin de deux bras immenses que de quatre ailes chétives, volant bas dans les champs, buzzant d'un air méchant, piquant mortellement quelques *apivoleurs*[38] qui les ont allégées de leur gelée royale ?

Si tel est le cas, alors le monde est faux et l'humain aussi fou que le dit le bourdon. Mais bayer aux corneilles rend le temps si lent qu'il ignore à présent depuis combien de temps le monde se voile la face et se lacère le front. Les folies évadées de nos rêves viciés reviennent visiter les taudis que l'on hante sans honte, sans crainte, sans conte et sans voix, complotant contre nous et nous montrant du doigt pour chacune des missions que les humains s'octroient, mais auxquelles échouent lamentablement car d'autres le faisaient cent fois mieux avant eux. Ce qui insupportait leur ego et causait çà et là de nombreux coup d'états contre la nature même. Que peut-on contre ça, c'est la nature humaine et bien la dernière fois que l'on a l'occasion – et pour certains la joie – de voir et de comprendre pourquoi le combat de l'humain pour se rendre maître de la vie échouera. Mais au lieu d'en tirer les leçons, nous dansons, à tout venant, peut-être un peu dans l'embarras, et frisons du doigt le bas du poteau rose recouvert de pollen parce que les abeilles s'en sont donné la peine. Les folies évadées de nos vices nous taclent de front et nous, nous resserrons les tendons et les rangs pourque les piqûres de rappel aux mortels se cassent, ne passent pas ; pour attraper la peste et le choléra : n'importe quoi qui nous dédouane de penser le mal qu'on fait et qu'on fera. Au nom de quoi ?

---

[38] *(Néologisme)* Personne qui dépouille les abeilles.

Deshonoris causa[39]

J'ai entendu nombre de bouches délirer sur l'honneur. Et depuis, pour ne pas envers elles être pris de hantise, pour ne les mépriser, j'ai pris ce mot en horreur. C'est au nom de l'honneur qu'ils dessinent leurs frasques, défendent les leurs des coups de la morale, louangent les déprédations que leurs gouvernements idolâtres et hors-sol entendent perpétrer en toute impunité. Mais dans le même nom, ils nous défendent d'ester en droit ces voies de fait sans le suffrage de quelque mage à la charge des idiocraties qui font l'apologie de ces évagations cauteleuses et bâtardes. Ils nous dénient le droit de nous enamourer des préceptes sublimes de toutes les nations, en l'honneur des tyrans qui les ont émendés depuis la lie des temps. Pourtant, ceux qui portent le poids du monde sur leurs épaules soient obligés par leur noblesse à n'être jamais bas.

C'est pour ça que je songe à ma mère en signant mes diatribes. Celle qui dans son obédience m'a consacré incognito au dieu des chaines et de la mer, des noyés de l'Etang de Berre. Mais par mon sang et par ma chair, en agissant contre son gré à

---

[39] *(Néologisme)* Dérivé de *honoris causa,* qui vient du latin et signifie littéralement « pour l'honneur ». Signifie « pour le déshonneur. »

la réforme de moi-même, je réintègre ma nature humaine. En faisant preuve ne serait-ce que d'une once de la sagesse dont ils devraient se prémunir, je redonne le bien dont ils m'a gracié. Il y a de son bord du bien en abondance – celui-là même qu'elle m'a transmis – mais d'un fardeau pesant leur honneur est couvert. J'avoue être d'humeur malade ; mais dans la pénombre de ma pensée, si je vois clair, c'est quand je regarde les gens de l'éternel : ils sont de toutes les sortes, et même s'ils distraient le regard de prime abord, revêtus de leurs plus beaux habits du dimanche, à mieux y voir, la lueur qui fuit de leurs atours n'est jamais blanche.

Je les déshabille du regard et ne constate avec horreur que les coquilles éviscérées et cabossées de vieux vaisseaux vacillants à la lueur de lampes vaguement incandescentes ; d'une chaleur chaude et bienveillante ; presque vivante mais viciée par trop de voyages. À voguer trop près des providences, à se gonfler les voiles d'une énergie trop vive et gausser qui, prudent, s'est abstenu de suivre leur pas, ils ont perdu le nord, égaré leur cortège et largué les amarres sur une onde lugubre au fond de leur chagrin. Comme des boussoles éteintes, pointant vers leurs crevasses en criant « vérité, je t'ai enfin trouvé » mais proprement perdus. Leurs rayons cathodiques cabossés frisent l'ultra-violet[40]. Ils attirent les abeilles avec des chrysanthèmes et

---

[40] Les abeilles ne perçoivent que trois couleurs : le bleu, le vert et l'ultra-violet. L'affirmation est que *« la lumière du monde »* censé être le fidèle est creuse : elle mimique

sont en crise eux même : un martyr infini qui fait se voir en grand parce qu'il distord le temps donné aux réflexions.

Je m'adresse aux abeilles vêtu de bleu-vert et viens à eux en paix ; somme, accoutré comme tel car le soleil s'éteint, que qui vient et me voit accepte de me suivre. Il rode en cet orgueil un grand danger pour l'âme : il va de son bien-être qu'elle sache s'abaisser des plus beaux piédestaux où l'honneur l'a hissée pour s'ériger plus haut qu'elle n'a jamais été ; de son bien que tout le poids des attraits du monde ne l'agite jamais, qu'elle puisse y ajouter sans y être attachée. Cet honneur émacié ne leur est pas utile ; il est vain et déteint, d'aucune humilité. Et il faudrait pourtant être plus effacé. L'âme doit se maquiller en certaines circonstances pour qu'elle puisse apparaître bellement à ses caressants, l'instant de les jauger. Il faut, pour qu'elle survive, que l'on sache cacher ce taureau ébranlé par la moindre bassesse. Il faut garder son âme aussi belle que possible, en bonne intelligence aux côtés de ses pairs, mais qu'elle jamais ne brille trop intensément au risque d'allumer en eux la

mal le rayonnement de son prophète primordial, et ne s'inscrit dans les plans de son dieu que par coïncidence. De ce fait, ce qu'elle renvoie rate sa cible et touche bas. Le domaine de la bassesse est celui où rampe les insectes sur lesquels sont coulés les fondements des cultes. Et de tous, l'abeille, avec son esprit de ruche, parfaitement compartimentée, est celui qui se prête le mieux à la comparaison. Ainsi « l'adresse aux abeilles, vêtu de bleu-vert » signifie la conversation avec les fidèles dans un vocabulaire familier. L'affrontement entre l'honneur, souvent actualisé dans sa forme négative pour en défaire son adversaire, et l'humilité qui voudrait qu'aucun jugement de cette envergure ne soit porté parce qu'on se sait avoir pêché (donc tout le propos du texte) s'inscrit dans la même lignée.

convoitise. Ne se jamais brouiller au sujet de broutilles et, toujours attentifs, se tenir, ne jamais se hâter. Volez bas, chères abeilles ; c'est là votre salut : prudence est maître mot, veulerie son disciple. Ici les âmes ont affaire à beaucoup de mondes et aucun d'eux n'est sans danger ; beaucoup y font affaire et prospèrent sur leur dos, mais tout âme n'a de bien que sa propre substance.

C'est aussi parce qu'il faut s'abaisser pour toucher des deux mains la sagesse que la crainte des dieux s'est faite un nid dans l'homme. C'est ainsi que sont nées sept basses vertus : « Bénignité » est le nom de celui qui se baisse, plus conscient de ce qu'il ignore que de ce qu'il est et sait. « Largesse » est le nom de celui qui se donne, car il sait avoir suffisamment pour ne pas être dépossédé de ce qu'il distribue. « Longanimité » est le nom de celui qui s'affaisse après l'offense d'autrui, reconsidère ses dires et la déconsidère, afin de n'en être jamais impatienté. « Harmonie » est le nom de celui qui paraisse parce qu'il a l'usage de tous les tripaliums et que tinte à ses anses les appels de la calme union. « Joie » est aussi le nom de l'allégresse. Il est l'aîné du rire et cousin du bon cœur. Il délie les ardeurs, renoue les amitiés et convoque les larmes sans se faire crier. « Fidélité » est le nom de celui qui se laisse à sa tâche et ses gens sans demander d'impôt. Il est des sept fruits les plus beaux de l'esprit. « Amour » est aussi charité. Digne d'éternité, il est l'humble vallée où le cœur c'est niché, et des fruits les plus beaux, l'entièreté. Plutôt que de pencher car tout est vanité, il faudrait révérer les basses vérités. Parce que les fruits de l'esprit poussent sur les plantes rampantes et la pente qui les supporte est faite de filaments de soie.

Por bocación

La bocación défend de parler quand elle est pleine mais elle ouvre la voie de moult vocations et fonde ce faisant des hommes plus à même de vaincre les vices qui les décevaient. Dans le secret des prieurés, les invertis les plus amers sont convertis par la misère. Ils doivent, avant que de s'aimer dans tous leurs états corporels, embrasser la défroque infame des gardiens de leurs autels. Au nom de quoi ? Au nom de quoi, sinon la faim qui se comporte, l'air de rien et pour de faux, comme s'il fallait que l'on sommeillât dans sa lie pour en changer, ces forçats prennent-il le bagne ? Les enseignants de la passion - qui devraient en suivre l'exemple - se comptent par rangées de milles, mais en vain. Depuis que le vin coule sur le pêcher du moine, quelque pratique peu chrétienne qui en émane, Satan jamais ne vient réclamer ce qui en sue. Aussi, c'est à l'insu du plein gré d'un sauveur dont l'issue saugrenue l'a conduit dans les ordres que nombre d'écarts de morale et de gestes déplacés — dont le dam est pendu à la croix du calvaire, sans doute en suspens dans l'instant de sa fin — accusent rémission de qui les y commet, mais encore en vain. À présent, plus cardinal que les vertus qui le distinguent du tout-venant, il fait la pluie et le beau temps dans sa maison. Et le monde reste quoi. Parce que le pain qui nous amène à répéter en toute conscience des sacrements assassins et nous portrait comme les signes de la fin, cette hostie rassie en ce lieu saint que n'habite personne a le goût de la paix – toute fragile mais bien vrai – qu'envient les orphelins. Mais combiens sont tombés dans des messes trop basses pour le triste commun de mortels, combien d'abîmés, et combien devra-t-il en naître de nouveau pour en déduire enfin qu'il nous faut éloigner nos enfants du chemin des bergers ? La bocación empêche de parler – la bouche en étant pleine – mais elle ouvre la voie de moult vocations qui défont ce faisant des hommes plus à même de vaincre les vices qui les déluraient. Mais n'allons jamais jusqu'à dire que c'est un mal pour un bien. Pour l'amour de ceux qui souffrent en temps de grâce, et par la grâce de celui qui les fait souffrir.

PROCES ET COMPLAINTES

De l'Église

Aujourd'hui, que figurent les églises aux yeux du renégat sinon de vieux tabacs sentant péniblement l'amour ; de faux amours qui perdent davantage les âmes enfumées sur les prairies divines ; les fumées où elles meurent à mesure de repaître et à force de rendre en long, en large et par devers tous les êtres en peine, les leçons hallucinogènes qui s'en prennent à l'Etat et repeignent ses gens d'une couleur sanguine, tant tous les instants parasites où l'Eglise a régné sans partage ont achevé de passionner un populo ne jurant plus que par un seul maître et modèle, compte tenu non de sa tâche, mais de son trait ; compte tenu d'un livre seul, qui n'augure rien de cruel à leur regard, alors même que l'Eglise de leurs vœux et l'Etat de leur cœur sont en duel.

Les cultes saignent comme jamais les sociétés qui les empêchent ou les contiennent, le rouge sang de ce carnage coulant dans un noir abime, les cent litres d'hémoglobine suant sur un corps impassible et les livrets qui le convoient au cimetière de nos désirs, ce paradis de nos devoirs ; un corps impossible et ces cahiers rendus crédibles à coup de conseils et de conciles, enracinés dans les contrées incrédules et tachés de la sève acide et sauvage des homoncules qu'ils y dessinent et des hominiens qu'ils y dévoient. Ils ont toujours un peu de Pierre et un peu de Paul en retenue dans le carcois, pour lier les premiers et supplicier les autres quand ils montrent les fruits d'une vertu profane, ou tentent d'essoucher de son terreau inculte la vertu qui les a perdus. Et tous repues soient leurs clergés du petit lait de leurs bonheurs et de l'ambroisie de leurs joies, ils n'ont jamais pour lesdits autres que méfiance, mépris et peut-être les miséricordes qui sont autant de nœuds qui les tiennent en laisse par le bout d'une grâce rendue privilège, et dudit privilège rendu prestation.

L'amour des gens d'église s'éparpille. Celui-ci que l'on sent à peine chemine pourtant à tous les vents. Il s'en vient sur la terre au matin, et lassé s'en retourne au soir vers l'océan. Il aime son aube, le moment de son réveil, ces instants où il est le plus fort, mais adore plus encore cet aurore où, alourdi par les aumônes, il se rendort. Sans jamais regarder ni à sa besace ni à sa besogne, le chrétien se meut à contre-courant du monde. Il se fourvoie non moins qu'il offense, mais préfère se confondre en prières qu'en excuses. Mais comment lui faire indulgence lorsque l'on a la plus profonde des aversions pour son pardon ? Comment peser sa pénitence si l'on n'est ni confident de sa noirceur, ni confesseur de ses défauts ? Quand même à qui le remédie, le directeur de sa conscience, ce n'est pas juste le pardon qu'il sollicite, mais uniment l'oubli du temps de sa méprise, la prescription des préjudices causés par son ignorance, à quel sujet ne pas sévir contre l'objet de sa rancune ?

Comment passer outre la faute lorsque l'Eglise entend enterrer ce pécheur en son éden sans le jamais soulager de sa gangrène, quand il repose au sein des cènes où se figurent chacun des saints navrés de s'être encaniné[41] ? Le bon et fidèle serviteur, s'est-il jamais rendu plus près de la maison du maître que dans la tombe ? Et en même temps, n'en est-il pas le plus éloigné lorsque c'est ici, sur la Terre et dans le monde, que celui qu'il entend rejoindre dans l'après-vie manifesta son amour, et converti son personnel à cet agir consubstantiel ? Le bon laquais, j'aurais souhaité l'entendre encore, même louer les bontés d'un mauvais seigneur ; j'aurais voulu qu'il soit envie, celle de s'éterniser au moins le temps de porter sa coulpe et battre sa croix, mais ma pitié faisant écho à sa joie de s'éteindre, mon âme mortifiée tant se refuse au silence de sa dernière demeure, que mon pied en vient à s'emporter, et ce faisant s'en retourne trouver la paix à l'endroit où cette joie ne m'atteindra pas.

Aujourd'hui, la balance à qui incombent les choses de la Terre et des cieux plie sous le poids de celles éternelles, et balance au gré du savoir-faire de vecteurs de la foi d'autant plus abondant qu'ils sont interchangeable, et d'autant moins aimants qu'ils sont indépendants. Certains lieux de nos cultes sont le mal des États parce qu'États providentiels auto-proclamés, ils font la part mignarde *aux monstres les plus froids[42]*, à cause de ces

---

[41] Le concept d'encaninement est explicité dans le texte nommé « Métamorphoses »

[42] « L'État, c'est le plus froid de tous les monstres froids : il ment froidement et voici le mensonge qui rampe de sa bouche : « Moi, l'État, je suis le Peuple. » Friedrich Wilhelm Nietzsche, *Ainsi parlait Zarathoustra,* « De la nouvelle idole », Trac. Henri Albert, Société du Mercure de France, 1903 (Œuvres complètes de Frédéric Nietzsche,

docteurs de la loi. Et leurs nouveaux prophètes, auto-satisfaits et auto-suffisants, protecteurs de ces lieux et procureurs des cieux, transis de joie et tartufes d'amour président aux contrées dont ils saignent les membres sous couvert d'empathie. Ils brodent en chaque instant ce conte merveilleux où les pauvres brebis que nous leurs paraissons sont par leur confession les cousins des nuages ; où il est un enfer plus torride que nos tropiques, qui abrite un éden en sa constitution – vers où nous traversons, et en le déchiffrant assis en sa fournaise, nous paissons.

Cependant que la faim s'empare de ce ménage, ces bergers de mon âme brodent davantage. Et la toile géante, nimbée de mensonges, aux couleurs chaudes et chatoyantes, tressée plus à la façon des bêtes que des gens se détend sur un monde en pleine perdition. Cependant que la fin – cette seule évidence – s'acquitte du manège le temps de l'homélie, ces pâtres de papiers s'accaparent son navire. Et voici que ses voiles rougies de tyrannie se déplient sur un monde en folie. Ils fondent sur le monde en quête d'un profit permanent ; s'acquittant bien souvent du troupeau de la pire des façons que l'on puit combiner : sans barguigner, sauf peut-être sur le prétexte ou la façon la plus adéquat de le traire ou le tondre, le cuire ou le vendre. L'ironie étant que l'abandon qui sauve les pâtres, ce sournois lâcher prise brise de tout son joug les croix de bois et

---

vol. 9, pp. 66-70).

les vierges de fer où les brebis taisent leurs sollicitations, prosternées en ces lieux délicieux.

Ce qu'ils devraient pourtant seraient de n'en rien faire. Ce qu'ils désirent brocanter n'est point de leurs biens. Ils devraient tout au pire nous rendre aux pieds du maître et laisser dieu considérer tout un chacun ; tout au mieux nous redonner notre liberté, afin qu'enfin rendus égaux, nous communions ensemble, non dans la fraternité scénique et silencieuse des amis nécrophiles de Christ, célébrant la mort et dansant le long de son chemin, mais dans le seul amour du maître.

Au lieu, l'Église se meut dans le souvenir du maître et se veut plus aimée de lui qu'elle ne désire chérir l'objet de son amour. Cela quoique sa loi et ses prophètes furent d'aimer dieu et son ego en la personne de son prochain. Plutôt que de donner afin d'en être quitte, elle voudrait l'univers en décime. J'entends sévir l'Eglise ; j'entends servir l'Etat. Soit-il comme elle désire, je n'en démordrai pas. Et j'attends que ses gens servent auparavant. Qu'ils se défassent de leurs habits de gloire, descendent de leur char de lumière, fassent usage de leurs avantages non pour nous fourvoyer, toujours à alourdir notre charge et notre culpabilité, mais pour les rendre à qui de droit ; pour donner ne serait-ce que la dîme de ce qu'ils doivent à qui les a dotés de leur équipement, comme j'essaie de rendre à ma mère l'once de sagesse et de gentilité qu'elle m'inspira par les voix de sa chrétienté, et que par son effet, l'éternel se récrie avec de mon âme et de ceux de ses frères et sœurs qu'elle a contaminés.

De l'ignorance

Des vertus de l'herméneutique

Il me semble impossible qu'un homme ait à traiter des affaires d'un autre sans les avoir traversées et que succès s'en suive. Certes, l'étude l'y aide. Une étude assidue – dans la plupart des cas – peut amener à terme bon nombre d'intrigues. Il n'en demeure pas moins périlleux de trancher des affaires d'un autre dont on a fait qu'épier la surface. Qui parle de couleurs à un aveugle-né s'exprime obscurément du point de vue d'un homme capable de n'en saisir que vaguement le concept. Autant que qui dit mot à un sourd et muet qui ne peut le comprendre dans sa condition. Pourtant, plus que jamais, le sourd maîtrise le signe. J'entends qu'il parle dans sa langue avec une aisance inaudible. Il possède, faute d'organe, la dextérité nécessaire à l'exercice d'un langage supranaturel. De même, ni la matière, ni la façon des objets n'échappe au regard de l'aveugle. Il serait insensé d'imposer un système de pensée, de perception, de sentence ou de discernement, sur une réalité qui lui est inconvenante. Comme d'aucuns je présume que le sens de nos mots découle de nos vies.

Peu de textes sacrés sont mal l'interprétés, car c'est à qui les dit, les transmet, les transcrit, les traduit, les médite et les enseigne enfin, voire à qui simplement les entend par la suite, que revient la contrainte de tirer la bonne part de ces adaptations, marquer d'un bémol ces assertions, user de précaution, en somme de ponctuer à la façon d'un moine chacune des étapes du processus de sémantisation desdits textes, à la fois ensemble et chacun leur tour parce que, loin de se substituer à la précédente, chaque actuation des signes qui les accompagnent les révise irrémédiablement. Si bien que c'est la somme de ses itérations qui forme le tout sémantique d'un évangile, quand bien même certaines se contredisent. Il n'existe aucune clé maîtresse pour déchirer le voile de l'évidence crasse. Aussi, la vérité est comme qui l'imagine. La distance physique (qui conditionne à réfléchir sur les objets selon son état de naissance), morale (qui détermine via l'entourage qui nous décide, l'idée que l'on s'en fait) et temporelle (qui influence le mûrissement selon que règne la disette ou l'abondance), les distances donc des corps aux écrits sont à considérer dans chacun des instants de la lecture, parce que la tentation de dépasser l'auteur est l'une des choses les plus répandues chez son lectorat. Autrement dit, la tendance à interpréter est inhérente à l'acte de lire.

De la valeur des épigones

Il faut que les croyants — et je le dis sans fiel — cessent de céder à la fossilité ; qu'ils conçoivent qu'il existe une donnée inconnue, une variable instable inscrite dans l'équation du monde, et nul n'appelle à sa saisie sinon nos espérances, nos envies ; que vivre sans contraindre soi-même ou les autres est un noble dessein et le projet d'une vie tout aussi riche en expériences métempiriques que la mission du prédicant le plus adroit ; une ligne de conduite d'autant plus héroïque que l'existence en général — et la nôtre en particulier — est de toute futilité ; aussi, que voudrait-on à la fois éconduire pour de bon les attraits de l'hubris et les appâts de l'humilité, arracher au confort de leurs nobles hospices nos vices et nos vertus, se convaincre et du bien-fondé de la Providence, et de la probité de son engeance, il est une vanité au-dessus de tous ces mensonges : celle de la mort ! Et plus l'on se rappelle à son bon souvenir, plus elle est clémente envers ceux qui l'appellent : « *Respice post te! Hominem te esse memento!* [43] »

« Memento mori ! », disait l'apôtre, en comptant ses jours sur la Terre. Les bons chemins de nos calvaires sont tous autant de billevesées, de préoccupations frivoles qu'il ne sert de pourchasser. Autant de voies que les impasses les plus profanes

---

[43] Traduit du latin : « Regarde par devers toi, et souviens-toi : tu n'es qu'un Homme ! », Tertullien

font apâlir de pudeur et de passion. Le monde, ce domaine insipide où tout est décidé n'a de mitan que le néant et de monarque que quelque démon délirant se contenant dans une démesure telle que tout en son bas est poursuite du vent. Autant tirer profit de cet encombrement. Si tout est vanité, que les plaisirs se valent et sont à somme nulle, autant jouir de la vie en tant que de besoin. Autant suivre ses joies que de les révérer, que de courir les vents perdus à la recherche de non lieux. Plutôt que d'être saint, autant être au sein du monde sans s'éprendre de ces mystères et en presser la révélation, rendant par ce fait la chair peccamineuse, l'objet peccadille, la pensée périlleuse, mettant l'âme mal et le mâle lésé, l'humain malade et le saint et d'autant plus malheureux martyr, seul, en sueur et en sang : À la lisière de la cognition siège l'us, dans son dépassement gît l'ivresse, mais la splendeur est dans son giron.

Les ombres et les vents — dieu voulant que les savants malheurs ne soient jamais à craindre — nous en avons pour beaucoup appris la nature. La Terre n'en est pas moins ronde, le ciel n'en est pas moins intriguant. Donc, si d'ennui et par la grâce du Saint-Esprit les vanités se refont d'or, devenons dûment d'argent. Baissons d'un ton nos têtes froides et tout en récusant les amativités auxquelles ces vœux amènent, vivons claustrés. Si par un mauvais augure et la volonté de dieu nos désirs se font plus pressants que de raison, ne désirons plus que le contentement, et tout en éludant les vaines tentations, apprenons à aimer ce qui nous le rend bien.

Frères, longtemps j'ai pensé les chrétiens en surplus de sagesse et trop humbles pour en faire la preuve. Mais à présent, ma voix, en parfaite harmonie avec celle d'Élohim, prie mon peuple de périr moins humble. Majestueux narcissiques, valeureux narcisséens, combien de sages devront périr de la main de vos justes avant que la Terre comprenne son fourvoiement ? Combien de temps resterez-vous fermés à votre intelligence ? Combien de temps à couler vos jours et à noyer vos nuits ? Combien de temps à hurler en plein désert vos pensées délébiles ; à inonder le monde de vos débilités qui frisent notre poil et le laissent indemne ? Combien de bourrasques déraisonnables ont emporté vos frères ? Pour quelles raisons sont-ils morts ? Qu'en retirez-vous qui ne soit à son tour emporté par le vent ? Apprenez donc à être avec légèreté car le duo que ce vent ne puit emporter est fait des échos recombinés de votre honneur et des mégots recomposés de votre ego. Je hais votre honneur et j'honnis votre ego. Si vos piétés s'apparentaient à vos parures, vous sembleriez jusques en l'âme pavés de la plus belle hermine. Et cependant, vous paraissez du plus joli noir animal ; de bien sombres corbeaux, professant une sagesse opiniâtre et adventice, à cause d'une instruction à l'opposé de leur pennage et de leur attention. Sinon, je suis le demeuré qui n'en connait pas les prouesses, et c'est tout aussi bien. Car tout corniaud que je sois, je n'en reste pas moins des vôtres, car éclairé par vos lumières. Celles-là même que j'exaspère.

Des volontés paganisées

Combien de nos actes, de nos récréations sont modelées par notre nature ? Combien sont réellement motivées par la foi ? Combien de nos prophètes ayant percé les âges ont fait dans leur carrière montre d'humilité ? Quel est la place du vieil homme dans la vie d'un homme juste ; de la femme sénile dans la vie d'une femme sage ? Quelles en sont les fonctions si nous sommes pardonnés ? Si la croix plussoie à ce sentiment d'indulgence, en faisant percevoir le symbole à nos sens ; si le saint sacrifice est, comme il se présente, encré au fer rouillé dans la chair d'Immanuel, alors pourquoi annexer le salut de la création à quelque conviction ? D'où provient ce besoin des croyants de se différencier ? Et si Christ est venu pour le monde, alors pourquoi est-il des élus dans ses gens ?

Peuple de dieu, de qui remplissez-vous vos mémoires ? Quel esprit guide vos plumes ? Pourquoi devrait-on croire que dieu damne le juste qui ne le connaît pas et condamne celui qui juste en doute ? Qu'il n'est dieu que de ceux qui y croient ? Que des athées les plus moraux aux agnostiques les plus sincères, tous seront damnés ? Prendre pour acquis des lendemains captifs reviendrait à se faire créateur par caprice, devenir détenteurs de valeurs faussement salvatrice, du fait que la *fide*[44] dissociée de la grâce n'est au mieux que le pendant chrétien de l'hubris. Il me semble qu'il était acquis jadis que le meilleur moyen de perdre le plus juste des hommes était de lui faire plaider sa propre cause ; qu'autrement dit, prêcher pour sa paroisse était un acte pernicieux. Mais à présent, le jeu des justes est de tirer le plus de faveurs d'une justice partisane et – l'éloquence nécessaire à cet exercice étant l'apanage des affabulateurs de carrière – de nous faire douter, plus que de la nature du juste, du bien-fondé de la justice. Je n'ai rien percé de ces lois équivoques.

En effet, vous demeurez pour moi secrets. Me voilà, agriffant comme un coffre scellé par une force suprême séjournant céans. Un coffre pour lequel, aussi précieux soit-il, je n'ai aucun usage, à moins de le forcer, risquant par conséquent d'abîmer sa substance, ou du moins de le défigurer, voire encore de m'en débarrasser par le biais de l'obole ou de la brocante, bradant ce faisant l'immense richesse qu'il s'y pourrait avoir au profit de ses quelques dorures apparentes. Peuple de dieu, qui a la clé de vos essences ? Il est triste que quand d'aucuns parmi vous fleurissent dans le commerce des religions, les autres, prosternés sur le

---

[44] Référence à l'une des cinq solas, la sola fide (par seule la foi) qui postule que seule la mort rédemptrice de Christ pour les péchés du monde, permet de parvenir à la vie éternelle. Les solas constituent les piliers du protestantisme. Cependant, des saints s'émancipent de ces principes, avançant au besoin l'une ou l'autre des lois pour obliger les autres à leur endroit.

seuil du cénacle se détraquent et se donnent en spectacle pour attiser le consolateur ; déplorable que quand les pensées font école, les pieux soient privés de leurs enseignements. Pourtant, point ne libère que la connaissance, point ne manque à qui sait, et dieu sait que les siens ont ressentent en manque.

Des profondeurs d'une nuit sans Lune

Certains pourtant parviennent, dans ce capharnaüm, à prédire l'avenir en un souffle ; lisent et disent les actes et les gens d'instinct. Ce sont les témoins silencieux de la déchéance des hommes. Ils le font à force d'affectes et d'isolement. Parce qu'ils ont chacun leur tour payé un lourd tribut, ils ont acquis le droit de souffrir dans le corps de chacun d'entre nous. Ils sont des milliards d'histoires, bien moins lourdes rassemblées sur leurs dos que leur propre fardeau. Pendant que le monde se partage entre précipitants et précipités, entre bourreaux et condamnés, ces gardiens de nos âmes chancellent mais ne tombent, sommeillent mais ne dorment. Ils sont la nuit noire et profonde. Des profondeurs de nuits sans lune, ils guident les aveugles en un lieu nitescent. Les yeux remplis de spleen, un sein déliquescent, mais les bras aux abois, les empans qui appellent et le pas qui s'étant, les non-voyants rendus conscients de leur tourment dispersent la lumière qui s'épand de leurs plaies dans toutes les nations. Des profondeurs de nuits sans lune, leurs fondements reposent sur l'ignorance du monde. Ils s'en sont délivrés en des lieux concentrés d'où coule l'entendement. Perdus dans ces étangs de mots démembrés, où tant de gens sont tombés, ils sont le souvenir qui les maintient ensemble ; ils retiennent l'orage quand la pluie est passée. Au panthéon des inconscients, certains pourtant, peut-être sages nous savent.

Des sacrifices du corps

Le sacrifice de la chair est, de tous les sacrifices, le plus insignifiant, attendu qu'il est celui d'un bien matériel que l'on déconsidère, comme il nous est alloué de façon provisoire. Dans ce monde de poussière, les âmes suppliciées, infantes ou grabataires, s'en remettent au seigneur. Leurs cœurs bourrelés, dépourvus de pulsion, se recommandent à dieu. Ce logeur millénaire qui dans sa mansuétude assigne assidûment chacun des logements que son esprit habite, de sorte qu'ils s'emplissent singulièrement ; dans ce monde en morceaux, les dévots lui allouent volontiers leurs esprits. Cependant, dans le temps où ils entrent et ressortent de leurs corps d'emprunt, ils s'accommodent si bien de leur mortalité qu'ils se trouvent surpris d'être boutés enfin hors de loge après moult années à baisser. Quelque autre temps passé, ils finissent par se dire que le lot de la vie est de s'accommoder de ce désagrément ; que ces lourdes enclumes seyantes et sans sel entravent l'ascension. Après tout, si le ciel embrasse l'horizon, c'est bien que quelque part dans ces eaux profondes au bout de rien s'étend Satan et celui qui les tient dans sa main. C'est la preuve qu'il faut ascendre[45].

À dire vrai, le bailleur de leurs temples ne souffre pas plus la perte des corps que leur fabrication. Il ne tire aucun gain de ces carapaces vides, sinon peut-être le temps passé à les parer par vanterie ou les tarer par vanité. La preuve, ils y habitent sans pour autant payer aucune sorte de rente. Rien de plus que ce dont l'embarras ou la reconnaissance les allège pour embourrer le siège de leur enchantement.

Ce n'est donc pas le plus grand amour, le don de sa personne, mais de son moi profond. Sacrifier son esprit – parce que nous le sommes – est le plus adéquat : prendre et perdre successivement son être et son temps à d'étrangères situations ; en faire le cas le plus extrême et le sens le plus aigu, certains, sinon de n'en rien regretter, de ne rien rater des gens.

Bien que je doive énormément à tous ceux qui m'ont enseigné, je crois être de mon devoir – et de celui de tout disciple – de dépasser et d'élargir le cadre de leurs leçons, afin d'en vérifier les applications dans et au dehors des champs où ces gens les enseignent. Ils m'en savent gré et sont d'autant plus aises que d'aucuns des disciples veulent les surpasser. Ce n'est ni en usurper la chaire, ni en réduire la portée. Alors, pourquoi la religion se prévaudrait-elle d'un abri en ce non-lieu de paradis, et d'un passe-droit en cette faite-personne que dieu ? Peut-être parce qu'elle apprend à se mettre à la rue ; à penser, en dehors

---

[45] *(Rare) (Vieilli)* Monter. Wikipédia *fr.wikipedia.org.* Web. 11 Juillet 2019

des charpentes athées, des sociétés en révolution permanente suivant des dogmes figés. Ou bien à cause d'une intime conviction, prétendument plantée dans l'âme à la naissance mais, au fond, catéchisée dès le jeune âge par les docteurs de la Fontaine, au nom d'un homme – dit prophète – que les conciles ont travesti.

Pourtant, ces hommes – dits prophètes – qu'on aime citer hors de sujet comptent au nombre des précurseurs sachant les doctrines anciennes, mais désirant les dépasser. S'il en est un qui n'en est pas, sans doute ne le cite-t-on pas. S'ils n'avaient préservé de leurs classes que ce qui abondait dans leur sens ou flattait leur ego, auraient-ils fédéré ces larges assemblées ? La sagesse, peu importe le sens qu'on lui donne, se réalise dans le mouvement qui conduit vers elle. Dans toute loi que l'on ordonne, tout sermon que l'on déclame, il y a plus que le seul témoignage d'un destin prodigieux. Il y a une marche spirituelle vers on ne sait quel endroit. Chacun doit en trouver le chas. Il n'est le même pour personne désirant en suivre le pas.

De nos artifices

En vérité, le sacrifice de la chair est d'une navrante trivialité s'il n'équivaut, somme toute, qu'à une cession de bail. D'autant plus si la rue n'est pas la récompense de celui qui se délaisse ; que, voyant qu'il a cédé sa parcelle de graisse, son hébergeur l'encastèle à nouveau frais, une seconde éternelle fois. Ce sinistre offertoire passant pour appétant dans les milieux profanes est en réalité la simagrée sempiternelle de saints sans croix, sans suaire et sans couronne, exhumés au seul motif de conforter l'autorité qui les a meurtris. Si j'en crois Emmanuel, l'amour ultime n'a pas à voir avec le don du sang ou de la chair. Quand bien même ils sont un lais datant du temps de nos aïeuls et empreint de leur considération, quand le premier a tant frelaté qu'il tue les mouches, et la seconde a tant faisandée qu'elle tue les fois, ils sont impropres à la consommation. Les ingérer c'est en mourir et éteindre avec sa lignée, le sens et la portée de ce sacrifice. L'amour ultime n'est pas le sacrifice du sang ou de la chair, mais de l'être approprié, autrement dit du meilleur soi en sa période. Pour aimer, il faut donner son âme, l'essence de sa vie, à ses alter-ego, plutôt qu'un bidon vide aux deux tiers remplis d'eau.

On pourrait présager – peut-être même faire advenir – un royaume où l'ordre naturel est d'aimer ces hôtes comme on s'aime ; d'affectionner tous ces gardiens de leurs entrailles qui, vaille que vaille, s'en dénouent pour être plus et mieux comme nous. Un royaume où tous sont capables, mieux, ont acquis la compétence de pencher pour chacun et dieu pour tous. Un endroit où la félicité est un droit ; où nul ne sentencie plus les actes commis ou – si notre plaisir est de sonder les cranes – les pensées polies par autrui qu'à la seule condition qu'ils attentent à la sérénité de l'essaim qu'ils composent. On pourrait mûrir cette Utopie sans présumer des signes ou des gens qui l'annoncent. Après tout, penser Callipolis[46] en Grèce a servi la grandeur d'Athènes. Ce n'est en rien une évidence, mais la violence qui accompagne cet exercice est salvatrice. Tout maître, tout grand seigneur a dû pour apporter le salut à nos corps porteurs d'âmes colporter à leurs cœurs des contre-vérités. En un mot, ils ont dû nous mentir. Alors si nous nous complaisons en permanence dans nos accusations, quoiqu'elles s'appuient sur des textes qui n'appellent peut-être pas à la révolte, mais tout du moins à la révolution ; si nous-même avons l'outrecuidance de nous considérer, en une chose, supérieurs aux gentils, alors, ce message de félicité, de bienveillance et de largesse tombera

---

[46] Signifiant « belle cité » en Grec ancien, Callipolis est la société idéale telle que décrite par Platon dans *La République*.

dans des oreilles sourdes ; des labyrinthes membraneux où s'abîmera cette sagesse.

Quitte à suivre les mots d'un autre, autant savoir les incarner ! C'était la loi des précurseurs dont j'ai la joie de m'inspirer. Ces surhumains, nous en avons perverti les œuvres ; dévalué les conclusions de vies d'artisans trop humains pour nos barbares, distordu le sens de leurs ouvrages en les canonisant. Mais ne pouvant les séparer de leurs enveloppes charnelles, de tout ce qui les détermine, nous avons collé à leurs corps ce que nos brutes ont de vilain, et au divin, qui gît en eux, tout ce qu'il y a de mieux, en supposant qu'il les régit. Or l'esprit, le corps et l'âme sont les trois ailes de leurs immenses propriétés intellectuelles. Se sacrifier, c'est simplement vivre sa vie en se préoccupant autrui. C'est consumer les artifices qui entêtent nos cœurs, ravissent nos corps et reposent nos âmes. C'est faire quitter aux autres les enfers où nous les avons confinés à force de les juger indignes de nos paradis.

De notre état en la matière

Il n'est aucun esprit qui n'a pas de medium, qui n'a pas la faveur de son énergumène, quel que soit les états de son corps, de sa matière obscène. Le vôtre mes chers est au degré zéro. Il est votre plus solide adversaire dans votre cavalcade vers une plénitude inaccessible de ce fait. Il n'y a d'âme que dans le spectre de notre esprit, dans la projection de sa lumière, mais vos chevauchées bellicistes attisent les élans sulfureux qui ne cessent de les éteindre tous deux. C'est au point qu'une armistice ne laisserait pour compte que l'étrange impression d'un vague sacrifice auquel on s'évertue sans succès à donner récurrence. À quel dessin combattons-nous les uns les autres ? De quelle passion *chrestine*[47] vos plais procèdent-telles ? Comment votre dieu aime et le nous rendez-vous ? Est-ce mal d'être tout entier reconnaissant de la vie que je mène, si les effluves de ma joie tombent en dehors du canevas de vos croyances ? Est-ce affreux de faire le bien si ce n'est pas votre bonté qui transparaît à travers moi ? Pourquoi j'arpenterais votre voie, mourrais sur votre croix, pour plaire à votre dieu ? S'il en était ainsi, que vaudraient vos vastes sacrifices ? Si tous peuvent

---

[47] *(Néologisme)* Chrétienne

accomplir, de l'oiseau au menhir, sans faillir vos louanges et vos tribulations, et si tous devraient s'en acquitter de la même façon, quel intérêt de vous ? Si tous se suivent sans broncher afin que rien ne les divise, guident le monde sur une route sans issue et sans courbure, quel besoin d'un bergerot ? Et surtout, que deviendra demain si aujourd'hui se trompe ?

Que cela soit dit entre nous : votre dieu n'est pas le mien. Il n'est pas celui de mes ancêtres, il n'est pas celui de mes enfants. Ma relation avec mon dieu ne concerne nul autre que moi ; celle entre moi et mes autres ne vous touche pas d'avantage. D'ailleurs, vos phrases me salissent sans me blesser. Sans me lasser, je vous salue le cœur plein de reconnaissance car je suis le fruit de votre zèle qui est béni. Puissiez-vous persévérer dans votre méprise afin que je sorte plus connu de nos vaines querelles ; reconnu par vous d'être le diable même. Car le malheur serrait que ma plume s'érode sur le pas de vos portes ; que mon papier s'effrite à l'entrée de vos cœurs. Je puis être un démon si le monde oit mon prêche.

Avant de pardonner

Avant de pardonner, peut-être faudrait-il être fixés sur sa nature et sur ses effets. Il est, en vérité, l'occasion de se mettre en sureté. Il est des lais de la croix – et des obligations de l'amour – le plus lourd. Cependant, impératif ou non, il n'en demeure pas moins étranger à ce qui le requiert et celui qui a porté l'offense. C'est-à-dire que le sens du pardon n'est à chercher ni dans son objet, ni dans son agent. D'aucuns prétendent qu'à l'heure des grands villages, énoncer la formule « pardonnez, je vous prie ! » devrait nécessairement occasionner la grâce. Que piétiner l'ego ou le rêve de quelque homme-machine par amour, par vengeance ou par inadvertance n'a plus guère d'importance. Allant continûment à l'encontre des autres, nul n'a guère plus le temps d'éteindre les rancœurs ou de s'en assurer. De ce fait, le pardon empêche à peu de frais les passions d'essaimer. Il épargne du talion ceux qui nous ont offensés parce que nul ne doit se rendre justice en société. Cependant, dame justice a la tare arbitraire et le glaive usagé. Elle tâte le nanti du plat de la lame et l'escroc du fourreau. L'offenseur s'en défait après quelque galère jamais similaire à la peine causée, parce que la justice a pour volonté de respecter les droits de l'outré, autant que ceux de celui qui les a bafoués et a fait en passant d'un homme sa victime. Le pardon performatif est injuste en soi ; l'acte de pardonner est un *psychédélire* qui défait les fondements des êtres instables, et les met hors d'état de nuire aux éléments qui s'organisent sur les divans de mages qui, en les mettant en condition nous de fuir, se portent caution pour les pires d'entre nous.

Quand pardonner, c'est oublier, aller contre son expérience, si l'offenseur récidive, est-il vraiment homme à blâmer ? Quand le pardon est la grandeur, savoir se mettre à la hauteur ou parer les traits de rancœur, si c'est souffrir les injustices sans en être incommoder, que sert la loi à protéger ? En vérité, de ne pas pardonner, ce serait comme si l'enfant qui plonge, en dépit des conseils, sa main dans l'antre du foyer auprès duquel cause sa mère, en veut au feu. Il sait à présent comme il cuit et ne le retentera plus sauf à y être obligé. Le feu est, comme l'offenseur, un instrument qui illumine ; ils ont tous deux l'utilité de révéler nos alentours. Éloignons-nous en d'autant mieux qu'ils ne méritent aucune clémence. Pardonner n'est pas obligé ; ce n'est pas grave de n'en rien faire, du moment que l'on nie à nos intempéries le pouvoir de corrompre nos cœurs, et n'y voit chaque fois qu'une averse de plus à passer.

D'ôter la vie

Je n'ai rien contre le fait de tuer tant que personne n'en meurt. Si ce n'était les hommes qui éteignaient leur race, la nature s'éteindrait à leur place. Oui certes, Mère Nature est en piteux état. La flore microbienne qui nécrose son dos croit exponentiellement, faisant de trop vieux os à force d'en ronger. Nous subsistons à ses dépens est ce que j'essaie de vous dire. Malgré notre pouvoir d'auto-régulation. En effet, les humains de tout genre, de tout âge, n'ont jamais cessé d'amonceler les morts. Qu'il s'agisse d'Age de pierre ou bien d'âge de Saturne, comme l'un vient au monde, deux viennent à mourir. Et pourtant, les civilisations qu'ils bâtissent prolongent leurs heures, et ce faisant, grossissent le cancer de la Terre. C'est au point que le fait d'ôter la vie est entendu comme indissociable de la nature humaine. Peut-être même, la mort de l'homme est-elle la clé de la survie de la galaxie ; le silence dans lequel la nature ressurgit.

Dans tous les cas, je ne condamne pas ceux qui ont établi que les enfants d'autrui feraient de bons appâts ; qu'il fallait qu'Élohim les ait ingéniés pour affronter le lion ou ferrer le gavial. Je n'ai rien contre le fait de tuer ces hommes. Je ne condamne ni ceux qui traitent les marrons d'immondices, ni ceux qui traitent les kakis de fauves abrutis. Je ne condamne pas plus les plaisirs solitaires que les passions moniales. Je n'ai pas en horreur les excellents viveurs et ne damne pour rien ceux qui ont choisi en pleine conscience de compter leur dernier jour. Mais il est regrettable que leurs lumières s'éteignent à l'orée de la nuit la plus sombre. Quand de la faux striée que serre sa mitaine, le fossoyeur frappe et que le sang rugit, similaire aux cymbales dont le tintement docile fendille les remparts de la vie, semblable aux carillons qui célèbrent la Jeanne et cessent de sonner quand le cœur d'un saint cède, c'est un peu de nous qui périt. La sorgue invite à son banquet les animaux sous nos logis, et leur festin, c'est nous.

L'homme, cette espèce impropre à qui, en des années de vie, rien n'a su convenir, que le trouble n'a pas su convaincre et la mort n'a pas plus enseigné ; je n'ai rien contre qui le tuerait, tant que ça peut aider. Mais la mort n'est d'aucune aide pour celui qui ne la craint pas. Ce que mourir veut dire ne saurait s'attacher à celui qui se voit vivre l'éternité. Tous les moyens que les hommes trouvent de se révolter contre la ruine les détournent de l'effroyable vérité : rien n'a plus de sens que la mort. Elle est l'Alpha et l'Omega, le seuil et l'issue, le deuil et la liesse, le tout, en chacun. C'est la mort qui en nous chérie notre existence. La vie, cette chose fugace qui passe sans nous dire ; autant ne jamais l'ébaucher, si l'on entend pas la parfaire. C'est auprès de la mort que celle-ci reverdit. Peut-être les morts seuls sauraient proprement chérir la vie. C'est bien qu'il est besoin de mourir.

Toutes les morts placebo qu'ont su créer les hommes n'y feront jamais rien ; toutes les vies éternelles n'y ajouteront rien. La valeur de la vie se contient en son sein, mais elle est insensée sans l'instant de silence éternel qui la solde. En somme, si l'on ne vaut que mort, la vie perd tout son sens, et si la mort n'est plus, la vie ne vaut plus rien. Parce qu'on entre dans la vie comme en on sort, en trépassant.

Les dieux sont des idoles

Qui sont les rois de vos aveugles, les représentants de vos sourds ? Où les prophètes infâmes de vos saintes hérésies ont-ils posé leurs tentes ? Que font tous vos émirs en nos démocraties ? Que feraient nos lumières dans leur enfer diaphane ? En vérité, je vous le dis, laissez les morts ensevelis. Pleurez-les si besoin, mais n'allez pas lézarder notre terre en croyant raviver vos défunts. Ce sont des cadavres que l'on réveille pour les ériger en idoles. Et on leur prête des propos qu'ils ne peuvent plus avoir ou qu'ils n'ont jamais tenu, dans tous les cas qu'ils n'ont plus, car ils sont morts. Même les idoles les plus ressuscitées n'en sont pas moins défuntes. Aussi, laissons les morts en leurs lits ! Que leurs sagesses soient notre engrais et leurs fois notre feu, mais que rien ne trouble leur sommeil. Les dieux sont des idoles et les religions sous leur égide comptent parmi les plus sectaires. Aussi, prenons garde de ne pas nous scier du monde. Nous les ponts qui unissons les âges, soyons solides et vrais ! Les dieux sont des idoles et pourtant les séides font des vœux sans réserve. Tout souffreteux soient-ils, ils offrent leur obole au détour d'un aveu, au bonheur des esprits qu'ils ont intentionnés, mais dont les intentions sont toujours incertaines. Car bien des spectres fondent leur nid entre le prêche et l'ostensoir. Agissons d'autant plus précautionneusement de qui se dit notre propitiateur.

Le pain de nos hosties est fragile. Quelle honte de voir tous nos faiseurs d'orgueil aller de leurs fictions pour tirer aux charognes quelques soubresauts. Honte à moi de m'être, à plusieurs reprises, rendu coupable d'y prendre, et part, et un certain plaisir. Longtemps j'ai cru, par naïveté, par appât de nécessité, par attrait pour la nouveauté, par cécité, par lassitude ou par lâcheté, par habitude pavlovienne, mais j'ai grandi. Et depuis, dieu est mort. Dieu est mort, et pourtant le culte de sa mort lui survit. Dieu est mort quand ses adorateurs ont pensé que la notion du divin était à défendre. Il est mort quand ils ont décidé du haut de leur sagesse, qui s'avère n'être en fait que le cri trop longtemps refoulé de leurs plus bas instincts, qu'il s'agissait de le justifier. Ils auront beau clamer du haut de leur morale que c'est au nom de dieu ou de quelque prophète qu'ils profanent les corps infidèles, au nom des évangiles qu'ils détruisent les temples des raisons qu'ils ignorent, c'est en fait en dépit du bon sens que leur dicte la foi qu'ils commettent cela. C'est contre la tolérance, contre l'abnégation, qu'ils convertissent au fil de l'épée. Car il faut des épées pour bien prêcher la guerre ; tout comme il faut des monstres pour puiser au creux des os des sombres livres ce qui les délivre. Il en faut pour, en cent livres contradictoires, tirer toujours le pire et le passer pour vrai. Pour dire des livres saints sans pourtant les savoirs, il faut de vrais démons.

Longtemps j'ai cru ces enjôleurs, mais à présent je n'y crois plus. La tartine de galéjade que l'on mangeait étant enfant m'irrite à présent le palais. Et c'est à peine si l'allergie à ce mensonge machinal a manqué de m'emporter. Si à présent je m'emporte, c'est contre ceux qui portent en eux le germe du jugement. Ceux-là qui se comportent en purificateurs et frappent constamment dans leurs cœurs d'anathème, mais l'enfouissent pour se mentir sous des kilomètres d'une indulgence feinte, défunte à vau les flots de leurs murmures sadiques ; d'une aumône inaudible, défaite au moindre accroc, au premier traître mot qu'ils intriguent ; l'enfouissement sous des bornes d'un pain azyme, insipide, et d'un amour choral, un amour oratoire aux ambitions performatives, qui confesse d'aimer à défaut d'en répandre les fruits. J'ai lutté maintes fois contre moi même, contre mes autres et contre ma foi pour nous concilier tous les trois, pour conserver le peu de licence possible, pour ne pas sacrificier ma personnalité. J'ai lutté. C'est pourtant, à mon plus grand regret, que l'incrédulité s'est frayée un chemin dans mon cœur, et a tôt achevé de le percer à jour, accusant réception de mes voies polémiques. Ces palabres durant, la grande majorité de mes contradicteurs m'ont poussé dans cette position extérieure ; m'attribuant au bon vouloir et au détour d'un jugement — sitôt né parce qu'ils ne doivent pas — l'étiquette impolie de païen ou d'impie dont je discute ici. A les en croire et admettant qu'il est possible que je me sois trompé sur moi-même, il est tout à fait probable que je sois l'athée qu'on me dit. Ce qui ne change rien en moi, que l'étiquette. Cela ne change en rien l'éthique qui m'apprend que les gens les plus hautains ont fait les chrétiens merveilleux dont les chapelles et les infants portent inconséquemment les noms. Alors pourquoi me justifier de ce que j'essaie de construire ? Pourquoi partir du principe que le tort me revient tout autant que de défaire les sophismes de nos semblables, les laissant par là même s'imposer dans mon esprit ? Si je n'avais pas les livres, j'aurais sombré depuis longtemps dans la folie ; celle que je souhaite aux ennemis de notre humanité, car elle leur permettrait d'aimer.

Pour le meilleur et pour le pire

Quoi que je dise ou que je pense sur la foi et les croyances qui en découlent, il y a au moins une chose qu'on peut apprendre en l'observant. Ce monde qui est le nôtre a cessé de tourner rond. Car comment peut-on dire qu'il tourne rond quand on est si pressé de le quitter ? N'avoir de cesse de rêver d'*arrières-mondes*[48] quand bien même l'idée de la mort nous effraie, et se dire que tout va pour le mieux ? Alors même que nos corps s'efforcent aux plaisirs, nous fantasmons l'inaction, appelons de nos vœux les plus thaumaturgique, le repos éternel sur un lit de nuage. Nous quêtons la clémence et la félicité dans des vallées à l'orée du séjour des morts. Tous nos amis croyants sont la preuve du dérèglement d'un système que des siècles de somme n'ont pas arrangé. Au contraire, ce chantier laissé à l'abondant – là où ils s'attardaient sur le sexe des anges tout en nous incitant à ne plus coïter ; où ils ont posé les fondements du culte marial, et ce faisant, ont vu s'affaisser sous son poids l'édifice de feu son fils ; où ils ont encensé prières et professions au mépris des plaisirs les plus rudimentaires – a vu naître de nouveaux maçons, moins habiles et moins cléments que leurs colons, faisant leur ciment des sables oubliés de l'ancien testament et des braises de ce qui l'accompli. Alors pourquoi pas, la vie ? Quand ces manœuvres inutiles n'arrivent à rien ;

---

[48] Concept d'un monde métaphysique caché par-delà le monde présent, développé par le philosophe allemand Friedrich Wilhelm Nietzsche dans *Ainsi parlait Zarathoustra*

quand les contritions permanentes nous ont désarticulées, retournées contre nous dans des luttes intestines. N'est-elle pas, le plus grand défi ? Entre le neuf et le rafistolage, choisir de faire table rase. Entre le deuil et le batifolage, choisir de vivre à son image et de marcher dans ses pas, c'est-à-dire suivre ses délices et éloigner de soi l'effroi. Pourquoi ne pas s'y évertuer ? Et ainsi prouver aux meilleurs que l'on peut supporter le pire, et aux pires que l'on peut prétendre au meilleur, du moment que l'on change.

De l'idée de la foi

J'aime l'idée de la foi. Quant à ceux qui l'apportent, bien sûr que je les aime, beaucoup moins mais quand même. Raison pour laquelle je les hante à longueur de semaine, sans pli mais pas sans peine ; quand bien même, des longs prêches en grandes pompes de ces gens mal honnêtes et leurs pensées horssol, le fiel dégouline avec un volume tel que les anges déchoient à chaque fois qu'ils chantent, se croyant fascinés le Fils de l'aurore ; et quoique je ne veuille ni répondre, ni dépendre à ou de ses personnes. Que deux ou trois d'entre eux se réunissent en son nom, et dieu s'en redescend, pensant qu'ils sont contraints par une douleur secrète à se rouler ainsi de façon reptilienne. Mais ce n'est pas la peine qui fait qu'ils se prosternent. Au contraire, c'est la joie de n'en connaitre aucune, à lors tant attendue du jugement dernier. De ce fait dommageable, les prêches sont trop souvent la confession de celui qui se porte volontaire pour l'exercice ; un monologue intemporel et pesant, puissant sédatif et lointain gardien d'un vouloir servile. En effet, les plus savants geôliers font les meilleurs prêcheurs et pour ceux des églises, aucun homme n'est passible de la grâce de dieu. Aucune sorte d'homme ne leur est agréable. Pourtant, l'Eternel n'est pas inaltérable. Les temps muent, l'homme remue et dieu se remanie ; le serf à son image devrait en faire autant. À mesure que le monde se désintègre en l'absence d'un créateur, il devient déplacé, autant dire dépassé d'avoir foi en un dieu qui ne sait s'adresser qu'en quelques caractères à ses adorateurs, et les cent prêtent-voix qui brodent son linceul en grattant çà et là quelques amendements d'un même testament quasi inauthentique. Qu'est-ce d'autre qu'un leurre, un dieu si limité, si petit et propret qu'il ne peut supporter que le sable du temps s'accroche à ses semelles ? Qui se doit transporter dans un coffre en carton de deux coudées de long mais frappe insolemment le fidèle entendant l'y aider ? C'est absurde, un dieu fossilisé, indocile, indolent, et fort endommagé ; tout autant que de croire en de nouveaux prophètes qu'il aurait délégué derechef à nos âges. En effet, tout est dit. La religion n'a ni matière à perdurer, ni intérêt à d'avantage d'élucubrations.

A-t-on vraiment besoin de plus de soties, de plus de mystères, pour faire la part des choses entre *l'amor*[49] et l'amer ? A-t-on vraiment besoin de causes plus utiles que trouver le cœur du bonheur ? Une flopée d'essais flirte avec l'épineuse question sans conclure. Empilés chaque année sur l'étal du libraire, cent romans de la rose s'y piquent stérilement. Et pourtant, nous qui les amassons n'en sommes pas plus heureux pour autant. C'est

---

[49] Amour en latin.

parce que bonheur diffère avec l'auteur ; sa définition varie avec le temps. De même la foi apparait à chacun différemment. Je veux croire en son caractère universel ; que tout homme est pourvu de croyances et que de la façon dont il les professe, il impact au mieux son entourage. Mais si la joie suffit à éclairer le monde, quand la foi le rend fou ; si les conquêtes de la dernière se font au travers de guerres ; si elle amène aux familles la famine et la mort, quand l'idée de la foi est d'apporter la paix à chacune ; choisissons la joie, aussi trouble soit-elle. Je rends grâce à dieu que cette idée ait fait son chemin et qu'elle soit si profondément ancrée dans l'homme. Mais la façon qu'ils l'usent, ô mon dieu, qu'elle tristesse ! Peut-être est-ce pour cela qu'ils s'empressent à la messe.

De l'accoutumance

On ne sait que trop peu que si *repetitio est mater studiorum*[50], elle est aussi l'aînée de la propagande et la cousine de l'endoctrinement. Pour cela, je mets un point d'honneur à ne jamais redire ; je m'applique à ne pas répéter. Les chansons populaires, les occurrences multiples, la routine, les maximes, rendent les hommes esclaves ; les rengaines sont les ennemis de la réflexion. Ne s'habituer à rien, ne dire jamais toujours, ne jamais dire jamais, ne peser sur personne est le mantra des sots, mais une sotie bien mise vaut cent tragédies. N'employer le présent pour parler de personne et faire à condition ce que l'on nous ordonne est, plus qu'être prudent, œuvrer conséquemment. Je ne dirai qu'une fois qu'il nous faut nous méfier. La vérité est lente à se manifester et n'échoit qu'à celui qui la sait inférer.

Si répéter permet d'apprendre, révérer ne le peux pas. Il ne découle aucune eau vive des cirrus au-dessus des cieux. Bien au contraire, ces précurseurs de la fournaise nous communiquent à nos dépends que le paraître enferre l'essence. Ces crins du

---

[50] « La répétition est la mère des études. » Locution latine généralement attribuée à Saint Thomas d'Aquin. Wikipédia *fr.wikipédia.org*. Web. 06 Juillet 2017

Porteur de lumière[51] n'ont d'angélique que l'aspect. Regarder par cette imposture, c'est voir au travers des gens. Le temps d'une vie, ne pas plier est impossible, ne pas rougir est impensable ; mais les us qui nous enclosent même mollement d'ignominie sont les plus mal à adopter. En un mot, répéter rend pire ; raffine l'ambrine qui nous fascine. L'empire des fois qui nous domine est bâti sur cet ustensile.

En vérité, nul ne sert à la foi de se répéter pour perdurer. Mais elle se répète pour instaurer sa loi en nos libres esprits ; dicter aux âmes qui se conscientisent quelques incertitudes, afin de provoquer leur instabilité. La foi nous commande de sacrifier des vies à des tirants fébriles en leurs États sauvages et nous nous y plions. Elle apprend à tuer en des contrées sans cœur pour des terres infertiles, léguées sous seing privé par un tiers olographe[52], sans jamais se soucier que c'est à l'opposé du mirage qu'elle nous tend, au revers du rivage qu'elle donne à entrevoir, que peut-être la vie qu'elle promet. Elle l'enseigne si bien qu'on s'en revient de guerre, en son nom, baisser son voile opaque sur nos maisonnées ; marier nos filles à leurs violeurs ou à leurs parrains, par faveur ; exciser de force leurs sœurs, battre

---

[51] Le nom de Lucifer (ange déchu de la tradition chrétienne) vient du latin *lux,* « lumière », et *ferre,* « porter », qui signifie « Porteur de lumière ». *fr.wikipédia.org.* Web. 06 Juillet 2017

[52] Ici, le tiers représente à la fois le contenu du testament et le personnage dont c'est la parole. L'idée d'un troisième testament issu de l'interprétation des deux qui le précède, elle, apparaît dans « De l'ignorance ».

leurs mères jusqu'au sang. On s'en vient mander aux nations, sur le ton des condoléances, quelques mosquées bien libertaires – voulant la liberté faire taire et clore ses portes à la critique la plus juste, la mieux fondée, au nom du prêtre pédophile le plus célèbre de tous les temps, mais laisser goutter la recette écrite au sang des infidèles, en gros sur les murs de la Mecque, par des imams indisposés par les accents par trop laïques des républiques. On va, prétextant notre foi, mener des vies de coccinelles ; dopés aux prônes mortifères, allant de Khutba en Kabbale à force d'humer des pavots à genoux devant son tapis. On s'en va danser la hora mais refuser qu'on nous survivre, comme des veuves en gestation. On vient instaurer la sharia contre les nouveaux convertis, et ainsi faire d'autres martyrs.

Tous ces effets m'étonnent : que la foi catholique, qui n'a pas à rougir de sa pédophilie, ait su rester si digne, bénir et sermonner, confesser et punir en attendant le soir de rejoindre nos couches pour molester et jouir de ses pauvres enfants ; que d'heureux protestants, tout de boue, bien béjaunes, préfèrent brûler leurs mômes, après un passage à tabac, à coups de briques et de pelles, un pilonnage impitoyable, un lynchage luciférien à nous faire bénir et gracier ceux qui leur scient seulement les mains. Je m'étonne, en effet, que cela me sidère. Après-tout, quoi que l'on puisse en dire, j'ai devant moi des hommes agissant en accord avec leur nature. Les prêcheurs pêchent et postillonnent en pigeonnant comme personne les passereaux que nous leur sommes ; qui, accroupis dans leur poussière, piétinés et éparpillés, puisqu'ils n'ont pas pitié d'eux-mêmes, ne peuvent guère mieux que prier. Il est écrit ces choses aussi, quelque part dans les livres saints. Un peu avant le commandement qui dit qu'il faut aimer le monde, comme l'épouse[53] aiment ses enfants.

---

[53] L'Eglise est représentée dans la Bible comme l'épouse du Christ.

Des détracteurs de l'âme

Qui nous dit que nous sommes ? Qui dit ce que nous sommes ? Que nous sommes, parce qu'on use Raison comme un nègre mandingue, les signes avant-coureurs de la fin des nations ; que notre mal de foi est le point cardinal d'une épaisse corruption ? Qui connaît, comme la main qu'il amène à ses lippes, l'affection dont nous sommes les prétendus symptômes ? Quand ceux qu'elle envenime disent s'en mieux porter, à quoi remédie-t-elle qu'il faudrait sauvegarder ? Qui dit que nous affligeons le peuple de dieu ; que s'il est éploré c'est par nos débatteurs ? Sous quelle licence exercent ces ensorceleurs ? Qui nous dit qu'il est sage de les sanctifier ?

La sagesse des monarques les appelle à conquérir des mondes. Dans leur philosophie, tous se doivent d'ouvrager à leur seul avantage, quitte à en mourir, occupés sous les bases de leurs citadelles tels des nègres occultés sous les traits d'écrivains aigrefins, de suceurs émérites de nymphes anonymes. La sagesse pharisienne les appelait à mouvoir des montagnes, mais hélas, ils ont quitté leurs fonctions de *terraformeurs*[54] pour se faire

---

[54] *(Néologisme)* Être ou entité transformant l'environnement naturel d'un corps céleste, afin de le rendre habitable par l'homme.

l'instrument d'oppression des puissants, amassant au passage une richesse indécente, des montagnes de blé à défaut de moutarde[55]. La sagesse du médecin guérit le corps malade, quoiqu'il pense souvent que sa foi l'a sauvé ; du point de vue fantaisiste de l'homme en camisole, c'est par sa volonté et la main invisible d'un dieu souverain, mais couard et capricieux qu'il tient debout. La sagesse impassible des idéologues accouche les esprits, mais la foi des croyants meut les cœurs, ainsi de suite. En vérité, nul n'est ami de la sagesse. Aucun des conquérants n'a pu sonder nos âmes, aucun des praticiens ne sait où elles résident. Et pourtant, l'âme est bien réelle ; nos langues la font exister. Pareillement, personne ne peut se revêtir de la puissance providentielle ; nul ne connaît comme elle est. Pourtant, il est un dieu quelque part dans le ciel parce que les *portefoi*[56] attendent un rédempteur. Nul est ami de la sagesse si sa foi la contredit.

Comme il est des hommes sages, je voudrais qu'il y ait des hommes saints en qui foi et sagesse sont à l'unisson ; tout comme dieu a planté sa liqueur séminale dans une poupée de sable et de sang. Puisque l'homme est divin, qu'elles deviennent un chemin vers l'illumination. Les guerres intestines entre ces

---

[55] « Et Jésus leur dit : À cause de votre incrédulité ; car, en vérité, je vous dis : si vous aviez de la foi comme un grain de moutarde, vous diriez à cette montagne : Transporte-toi d'ici là, et elle se transporterait ; et rien ne vous serait impossible. » (*La Bible Darby*, Mat.17.20).

[56] *(Néologisme)* Porteurs de foi

deux écoles n'ont pas fini de ruiner le monde. Autant faire sécession de cette querelle absurde et signer l'armistice entre science et croyance.

Du bien fondé de ma dictée

Si je disais entre mes lignes comme vous dites entre vos dents que le ciel est d'un bleu azur, c'est ainsi qu'il apparaîtrait aux êtres les plus obscurcis, attendu qu'ils y ont souscrit. De même vous, qui me lisez depuis des mots sans sourciller, le trouveriez ; et avec une assurance telle qu'en jour de pluie, une éclaircie tintée de la couleur du ciel aberrerait vos yeux soucieux. Et si c'était : « le ciel est jaune » ? Quelle autre option auriez-vous que d'admettre qu'il se peut-être un ciel pareil, parce que l'aire que j'imagine couverte d'un bleu melon est par trop hors de la portée d'une quelconque mise en doute ; ou, du moins, que rien ne m'oblige à y répondre, quel que soit qui le demande ou ses raisons. Après tout, c'est là mon livre. C'est-à-dire qu'il m'appartient de le régir comme je l'entends. Il n'en est même que plus précieux, plus excitant, qu'il s'éloigne de celui, fade et ordinaire, auquel nous participons. Je suis un dieu pour mon ouvrage et sa lecture est mon prophète. Il puit être six univers dotés de lois contradictoires, le septième, le plus parfait selon celui qui l'a créé, c'est-à-dire moi, si tant est qu'il est alors lu ou apprécié, voire tout simplement discuté, sera celui sur qui jurer et celui par qui abjurer.

De l'amour des gens d'église

Mes moments de jouissance sont toujours solitaires et je goutte sur Terre un bonheur éphémère. Il me faut aller ailleurs, chercher la félicité dans d'autres contrées, retrouver la raison des solidarités ; au loin, où l'on sait le remède à nos désolations, découvrir un endroit que nos maux ne rongent pas. Peut-être que là-bas rien ne me dérangera. J'irai chercher par-delà les mers le moyen de rendre heureux les hommes. Je verrai avec dieu la façon de faire taire leurs querelles, de déterrer leur unité. Peut-être, si les vents sont cléments, qu'on me verra changer, la veille de mon voyage, mon canton de pérégrination ; que m'appelle le large et que, si j'y répond, je saurai m'arrimer à rivage étranger. Je ne sais à quel marrais s'inonde la mer ; si son eau moisson d'or enflammera mes veines ou si je dompterai ses cheveux bleu d'azur. Alors, en attendant l'exil, je plains mes frères. Je plains mes frères et leur amour stérile que ce comité d'âmes serviles cantonne à la chambre de celui qui le porte, mais qui ne se peut accrocher sur aucun meuble et sur aucun mur, tant sa nature est fumeuse ; n'imprégner aucune vie. Qui voudrait nous faire croire qu'il faudrait être lié par les liens peu sacrés du mariage pour s'aimer au moment où les couples se déchirent de s'être mariés sans amour. Aime-t-on, alors, on prie et, comme on prie, alors on aime. Sans ces conditions l'amour ne se peut pleinement exprimer.

Je sillonne les flots de Charybde en Scylla ; ma nef est mon fardeau. Mais des coffres à carnage de ces deux créatures, des malles à mangeailles des deux Messinesi, j'ai tiré cent cadeaux qui valent mon calvaire. Écoutez-moi mes sœurs ! J'ai dans mon baguage plusieurs langages que messieurs saisiront pour mieux comprendre leurs dames et j'ai sur mon attelage des cadeaux dont mesdames useront pour que messieurs soient mieux disposés à leur égard. Le prix de tout cela ? Que vous me saisissiez ou que j'aie joui de vous mesdames avant que messieurs ne vous coursent, afin que vous soyez plus à même de freiner leurs élans malhabiles. Que qui vous connaît le mieux ait le plus avantage de vous n'est que justice. Et vous mes frères, oyez ma voix ! C'est quand le temple de dieu baignera dans un amour divin que celui-ci nous sierra. C'est parce que le saint s'éprend de son prochain plus que celui qui vient[57] que sa prière l'atteint et que les cieux lui sont offerts sans confession, en récompense de son action ; parce qu'il nourrit ses intentions de son labeur, et il se lève avant la diane[58] pour faire de sa demeure

---

[57] Voici ce que dans la Bible, Jean déclare à propos de Jésus : « Je suis l'alpha et l'oméga, dit le Seigneur Dieu, celui qui est, qui était, et qui vient, le Tout-Puissant. » (*Louis-Segond*, Ap.1.8).

[58] *(Vieilli)* Dans le langage militaire, la diane était sonnée juste avant le lever du soleil pour éveiller les troupes. Dans ce contexte, avant la diane signifie avant la pointe du jour.

un refuge pour tous les bienheureux. C'est lorsqu'on sera pieux que ce lieu sera sûr ; pas avant que chaque saint que l'esprit possède, mais que l'effroi contient, ait effacé de son cœur et de sa lignée les noms qui valent les avanies[59] afin d'offrir à son frater enfin retrouvé le gîte et le couvert. Ainsi, doit trôner sur le reste la sagesse seule et l'amour sincère.

Mais que faire quand l'ennemi de notre amour devient le temps lui-même, plus il assoit en nous la dictature du dogme ? Pauvre est notre amour à cet instant et toujours plus distant de son objet. À ne plus deviner en nos hommes que des frères, à faire de nos femmes nos sœurs, puis à lier frères et sœurs comme on lie père et mère, nous rendons toute relation chrétienne incestueuse. À courtiser dans nos églises quand le lieu est impropre à la chose, à draguer[60] en dehors quand personne n'y attend, à s'épandre en prière pour un meilleur parti et à peine assortis déjà rêver de fuir, toute idylle en ces lieux devient folle entreprise. Faiblesse de l'esprit ou paresse de l'âme rendant trouble ce qui est solaire, l'amour des gens d'église est semblable à ceux qui l'exercent. Chers tortueux, chers amers, apprenez à aimer sans contraindre afin que si en vous dieu meurt, votre amour, lui, demeure. Car dompter les

---

[59] Vexations que les Turcs du Levant faisaient subir notamment aux chrétiens pour leur confisquer de l'argent. *Cnrtl.fr*. Web. 17 Mars 2017.

[60] *(Familier)* Déambuler à la recherche d'une aventure galante. *Cnrtl.fr*. Web. 17 Mars 2017.

désirs n'est pas une chose aisée et soigner les passions n'est pas une chose vaine. C'est l'affaire d'une vie, mes seigneurs, et de ces quelques pages.

De notre solitude

Nombreux sont, dans la communauté chrétienne, solitaires. Comme on naît, vit et meurt, se construit selon l'être d'un autre, passé, de souche divine et de sève incertaine, et ne pense à nos autres, à nos contemporains, qu'après lui, que pour notre salut, comme des images de nous par mandat plutôt qu'autant d'alter ego, que simplement d'autres hommes, personne ne marche à nos côtés ; et comme il n'y a pas plus de miroir dans le ciel que de gens à nos botes, de nos amas de malheureuses circonstances naissent les murs de nos offenses, nos quartiers d'isolement. Parce que nombreux s'isolent en désespoir de cause, et aucun n'envisage de comminuer le sceau du silence de dieu. *« Dieu est mort et n'a pas l'intention de s'en faire pardonner ! »* On en vient à aimer ceux qui nous le relatent, mais honnir le fruit de nos juteux échanges, outrageux pour ceux qui nous confessent et outranciers pour ceux-là qui les ont initiés. Parce que les cloches de l'éveil se font l'écho de la voix qui le conçoit, tous les prétextes d'assemblée creux et faux, toutes les tours de garde devenues tours de guet, les cellules de réveil rendues cellules de dégrisement, les prie-dieu et j'en passe à présent lieux de passe, se font autant d'aveux de ceux qui se sont tus, de multiples métaphores du même ergastule. Triste à dire mais les hommes ne sont mus que par le gain ; aucun chrétien n'y fait exception. Aime-t-on son prochain, c'est à cause de notre ou à cause de ce que le mal coûte en châtiments. La communion fraternelle est le fruit de l'incapacité de l'homme à se suffire et faire souffrir. En dehors, tous les liens qui unissent les hommes sont lâches et leurs rapports tendus de l'état de nature aux énarchies[61] actuelles.

En quête continuelle de rapports contrôlés, l'homme adopte des baragouins autarcisants : l'homme concocte des langages qui lui rappellent l'éternel, accroissent la part divine en lui, le rapprochant de celui-ci ; l'homme fabrique des patois qui l'éloignent de son prochain, réduisent la part humaine en lui et son intérêt pour autrui. Il y a autant de langues que ceux qui les pratiquent mais elles ne sont comprises que d'un seul de plus qu'eux ; de cet esprit en eux qui n'est pas de ce monde, de ce seul récepteur à qui elles s'adressent toutes. Lui seul sait leur beauté, lui seul conçoit leur cohérence, comme il souffle ses mots aux moineaux qui l'en prient, à tous ces nouveaux fils de l'homme qui intercèdent auprès du père. Ces gens que j'aime délestent l'esprit de son enveloppe surchargée et pervertissent la nature des choses pour la faire concorder à leur parole élaborée

---

[61] *(Néologisme)* Système politique où l'unité du pouvoir est symbolisée par seule personne de l'énarque. Elle a sur sa lointaine cousine monarchique d'être l'amie des « réformes », mot nouveau, d'ascendance capitaliste, faux amis des « révolutions » sans lesquels l'énarque est assuré de garder sa tête.

puis adorée. La prière en langue, ce don excellent[62], preuve que l'on est baptisé de l'esprit, le plus ostracisant mais le plus adulé, est le signe par excellence que ce qui relie les hommes est aussi l'origine de leur schize. Le tiers esprit prédominant sur les rapports est le garant des relations et, ce faisant, se mue bientôt en médiateur indispensable, n'exprimant que le seul vouloir qu'il pourtant ne pourrait avoir sans le concours des deux acteurs – l'homme et le cœur – qu'il emmuraille dans une palabre stérile. D'où, le malheur. Émetteur et récepteur sont tous unis dans un même sein, et seul le silence, au final, attend qui les entend causer, car il ne sait pas ce langage. Le code, chanté en *archangelais*[63], dicté par l'éternelle elle-même, serait utile en temps de guerre entre Céleste et les Enfer. Sans doute a-t-il à maintes reprises montré les signes d'une affolante efficacité. Mais dans la sérénité, sous les alcôves de nos temples, sous sa toute protection, que ferait-il sinon gêner la réunion des corps qui l'aiment ?

Et ce malheur, il s'amplifie dans les écoles qui l'enseignent ; chez ceux qui ont par rangs de mille déserté les paroisses

---

[62] Dans le chapitre 14 de la 1ère épître de Paul aux Corinthiens, Paul hiérarchise les charismes (ou dons supérieurs) en fonction de l'utilité commune. Il oppose pour ce faire le don de prophétie et celui de parler en langue, plaçant le premier au-dessus du second car celui qui le possède « édifie, exhorte, console » l'assemblée. Ce qui relie et sépare les hommes peut aussi bien être interprété comme étant les livres saints en fonction de comment on y plonge et ce qu'on en ramène, les dons spirituels, dont certains relient et d'autres divisent, et de façon plus à propos, les langues elles-mêmes.

[63] *(Néologisme)* La langue des anges supérieurs.

chrétiennes et ceux qui viennent en rond d'oignon tâter de la nature spectrale de ce langage, par soucis d'exercitation[64], par excursion ou par envie. Car enfin d'où viennent-elles, ces langues ? Du besoin de remettre du Babel en nos pentecôtes ; de l'inconscient d'un texte qui n'en dit pas mot. Ces langues sont, en leurs structures et dans leurs actualisations, si farfelues, si inconstantes, inconsistantes, que l'intelligentsia du monde, le sein de ceux qui les construisent ne saurait l'y interpréter. Du monde, de nos idées claires, il ne reste plus rien ; des longues et divines affaires, il ne restera pas moins lorsque le temps les passera, que le silence se refera. L'amour des gens d'église est semblable à ceux qui s'y exercent : sans terre, sans dieu, sans lieu, sans père, il dépérit et désespère.

---

[64] *(Vieilli)* Dissertation en forme de dispute, exercice oratoire. *fr.wiktionary.org.* Web. 29 Juin 2017

Des apparences tragiques

Tragique, n'est-il pas, que de voir au-dessus de nos têtes des nuages gorgés d'eau sans que n'en goutte un seul, d'écouter craqueler une terre asséchée qui pourtant côtoie leur horizon ? À ces instants, je voudrais avoir ces dons qu'ont les croyants ; ces manies bien chrétiennes ; cette patience habile qui, cent fois éprouvée, n'a de cesse d'attendre la manne, d'espérer la pluie. Mais mon endroit est désert ; rien en lui ne semble espérer. Tout n'est qu'immanence en moi ; je ne suis oint que de ma sueur. Ce vide immense, même les dieux l'ont déserté. J'erre ainsi sur le sable au grès des clair des lunes, suivant comme elles m'amènent les dunes au cimetière des aurores, virevoltant dans l'herbe, volant entre les buttes, cherchant quelque point d'eau, quelque doux point de chute où me désaltérer, m'aérer quelque peu la conscience. Je ne suis chez moi nulle part ; le sable blanc coton maculé de blé d'or, dont la main de Midas a planté chaque épi, fait se ressembler le désert à des kilomètres à la ronde. J'y tourne en rond.

J'ai trop aimé ma compagnie et n'ai tiré de celle des autres qu'embrouilles, brouilles et broutilles ; c'est où m'a mené mon émoi. Cet isolement m'a amolli ; rien en moi ne marche plus droit. Je ne sens presque plus mes jambes et mon souffle se raccourci. Je succomberai si j'abandonne ; mais je crois désirer plus qu'assez d'arrêter pour souffrir le décès sans ambage. Coupable je suis de trop de causeries vaines. Chaque pas que je fais a élargi ma peine, chaque fruit dont j'ai joui en tant que serviteur a souillé l'homme en moi. À présent, je suis grand mais n'ai l'esprit que d'un enfant. La grâce excellente serait de me laisser pousser et verdir à nouveau du ventre de ma mère, mais je n'en ferai rien. Tous mes faux pas font de ma vie un ready-made que je ne souhaite en rien changer, car elle est de tous les récitals, le plus authentique.

Des conditions de chrétienté

N'avez-vous jamais considéré quelle est la condition de votre chrétienté ? Nous pourrions penser qu'il faudrait faire preuve de quelque qualité pour intégrer la confrérie, mais en vérité la condition chrétienne est, en bien des points, similaire à la nationalité : toute personne la possédant n'est en rien tenue d'adhérer au culte qui s'y rattache ou aux enseignements de son école. Mais nous aurions plus tort de penser qu'il faut être de quelque contré élue ou touchée par la grâce. La condition chrétienne n'est en rien rattachée à quelque origine ; celle-ci ne pourrait pas, sinon, nourrir ses ambitions de domination planétaire. Car s'il fallait, pour être chrétien, adhérer aux préceptes du christ dieu et s'efforcer de vivre comme lui en son temps, c'est-à-dire réitérer la loi en un concept vague, émietter la morale en paraboles digestes, écrire au sol avec son doigt et faire lâcher les premières pierres, transsubstantier son eau en sang, aller pêcher en Samarie et ramener des Madeleines, chasser les marchands dans les temples, rendre césar aux pharisiens, sauver des vies par charité et donner la sienne par amour, s'il fallait tout cela, la foi serait une affaire beaucoup trop noble pour ses pratiquants. Tout voleur, tout brigand, tout marchand, doit pouvoir adhérer, à condition qu'il le désire, au cercle très ouvert des *pistiphages*[65], et se délecter à son bon vouloir des plaisirs fugaces d'une vie faste et somptueuse, c'est-à-dire à l'image des parures de ses représentants. Ainsi, toute personne possédant des ambitions d'élévation serait la garantie de garder une certaine noblesse dont le reste du cercle jouirait sans que le monde s'en porte ni mieux, ni plus mal, c'est normal.

---

[65] *(Néologisme)* Composé des mots grecs *pistis (foi)-* et *-phagos (mangeur)*, signifie « mange-foi ».

Carpette complainte

Toujours carpette j'essuie le temps qui passe et la misère des yeux qu'ils n'ont jamais fermés dans l'attente du christ. De leurs sourires austères, je suis repu. S'ils gouttaient d'autres mets et aux joies du sommeil, n'en prieraient-ils pas mieux ? S'ils mangeaient de la chaire de ma pestilence, offerte en pénitence de mon pyrrhonisme[66] pour saucer le sang de leurs hosties, n'en seraient-ils pas plus habiles dans leurs chants et mieux établis dans leurs prêches ? Ne sont-ils plus qu'attente, que chimères désœuvrées ? N'y a-t-il pas plus de gains à tirer de tout ce temps passé ensemble ? Plus de légendes dorées à gratter de nos dogmes ? Plus de précieux souvenirs à construire que d'œuvres jà fondée mais en notable ruine à se remémorer ? Pourquoi ne pas y réfléchir, pourquoi ne pas se demander si l'on fait bien de vivre ainsi ? Car, pour l'instant, aucune de nos bagatelles ne tient le temps sans l'étouffer, aucun plan de la base chrétienne n'est accompli sans un massacre, ou bien trop peu, infinitésimalement ; sitôt pompés par enthousiasme, sitôt gobés par presque rien. Rien donc qui n'aille avec le temps, rien qui

---

[66] Doctrine de Pyrrhon, qui, entre les dogmatiques prétendant qu'il y a une vérité absolue et les sophistes qui le niaient, préférait que le philosophe s'abstienne (scepticisme philosophique). *Cnrtl.fr.* Web. 30 Juin 2017

n'aie dans sa quintessence un sens certain, même à l'envers. Rien n'allant vers ; à quoi tenir quand l'édifice est ébranlé, quand la pensée est détraquée. Aucun modèle précis, aucun système fiable. Pas plus que de cœur infaillible, pas plus que de héros. Que ferons-nous quand viendra la tempête et qu'elle frappera nos pauvres âmes ? Sur le sable où nous sommes établis, sur les roches où nous aurons construit[67], nous ne devrons notre salut qu'à la solidité de nos théorèmes ; nullement à la profondeur de nos convictions. Fermons les yeux, non pour pleurer le ciel afin d'être plus assuré de passer par sa porte secrète, mais cette fois seulement pour contempler la profondeur de notre abîme béant et le penser à moindre mal. Attendu que l'on a le souci du devenir de l'âme, autant soigner le corps qui la porte. S'il est né de la terre alors poussières nous sommes, et s'il part en poussière alors son âme suivra.

---

[67] Évangile selon Mathieu, chapitre 7 versets 24-27 : « Ainsi, quiconque écoute ces paroles que je viens de dire et les met en pratique, peut se comparer à un homme avisé qui a bâti sa maison sur le roc. La pluie est tombée, les torrents sont venus, les vents ont soufflé et se sont déchaînés contre cette maison, et elle n'a pas croulé : c'est qu'elle avait été fondée sur le roc. Et quiconque entend ces paroles que je viens de dire et ne les met pas en pratique, peut se comparer à un homme insensé qui a bâti sa maison sur le sable. La pluie est tombée, les torrents sont venus, les vents ont soufflé et se sont rués sur cette maison, et elle s'est écroulée. Et grande a été sa ruine ! » *La Bible de Jérusalem*, Éditions du Cerf, Paris, 1955

J'entends par là

J'entends par là qu'on exorcise ; qu'où les prophètes passent, les esprits pernicieux décanillent dare-dare, que les plus périlleux succombent à leur bravoure, que les os ancestraux de leurs carnes impurs se dessèchent aux sanglots de moult chantreries et craquent chichement sous leurs pas assurés ; que l'on y voit des gens en transe, bramant, bêlant, hélant un diable prodigieux qu'ils nomment dieu, touchant des yeux l'orée des cieux et de leurs mains garnies de bouse à force de rouler par terre, un nirvana nauséabond mais littéralement bouleversant. Entendez, vous, que l'on y traite la démence ; voyez-y de l'hystérie. L'Église est le repère de bien des braves qui en tout temps donnent du leur. Observez – sans trop rien en comprendre je le conçois – et acceptez que ces médecins de l'âme s'exercent à leurs sorts, aplanissent le vague et redressent les maux, car ils saignent l'éther du périr qu'elle distille. Tous ces êtres amorphes serinaient en sourdine un funeste cantique naguère ; à présent, ils plient pour mieux sauter et danser, remplis d'un air nouveau. Par-là, la seule alternative au choix de vivre sainement dans l'enceinte de leurs dérives est d'être ailleurs à l'identique. Il faut y voir que rien n'empire en en sortant. Moi, je l'entends ; et à chacune de mes écoutes, mon cœur est rempli d'une allégresse nouvelle. Mais je l'entends de moins en moins. Et moins je l'entends, plus je me dis que, si dieu vit, il n'a que faire des noms que nous lui imputons. Sans débattre son existence, encore faut-il qu'il soit unique ; sait-on jamais qui nous répond quand on le hèle ? Mais, supposons. Je crois qu'il n'a pas le souci de tous morceaux de miroir brisé que tout le monde appelle vérité. Je pense enfin que l'au-delà n'existe plus ; car il incombait aux hommes de faire un paradis sur la Terre. Ils mirent un point d'honneur à faire tout le contraire, contraignant notre dieu contrarié à partir. J'entends dire qu'il ne peut exister dans les moules qu'on lui coule, et cela me rassure. Certains travers valent leurs vertus quand on les voit d'un œil d'enfant.

D'athée au C14

Daterions-nous d'avant le monde, nous en sommes ; nous côtoyons la création. Il ne faut donc pas oublier d'être au monde d'abord, n'être ni dieux, ni maîtres, mais humains toujours et avant tout. Tels s'efforcent à fausser la silhouette spatio-temporelle, tels à accommoder les calendriers à leur culte, tels autres à corrompre les coutumes, tels encore à consumer les cultures, tels en somme à *sucer la substantifique moelle*[68] des choses dans le seul dessin de sustenter leur insatiable soif de prépondérance. Heureux les hommes qui, par gourmandise, s'adonnent à ces jeux de temps ; c'est le signe qu'ils en ont en abondance. Leur mort viendra à point et qu'importe la vie qu'ils mènent en surface, ce n'est qu'à cet instant qu'ils sauront ce qu'ils valent. Se croiraient tels plus croyants que d'autres, comme la foi est une affaire létale, c'est à leur autopsie, sous des lois et lumières d'autres mondes, pesés et mesurés par des juges étrangers, qu'ils sauront leur odeur de sainteté.

Quand et quand[69] tels se croient plus pieux que les dieux même, d'autres renient les notions de bien et de mal et se

---

[68] François Rabelais, « Prologue », *Gargantua.*

[69] *(Vieilli)* En même temps que. Wikipédia *fr.wiktionary.org.* Web. 28 Juin 2017.

défaussent des entités qui s'y rattachent : ils sont leurs propres guides et font leurs propres lois ; celles-là même qui, dès lors, nous défont. Les lois des hommes étant forgées de sorte que les intérêts particuliers prévalent sur le bien du plus grand nombre, celui qui les ignore, combien même trois fois saint, ne saurait demeurer dans leur cadre ou officier sous leur protection. En un mot, il faut rendre à César les avoirs d'Alexandre[70]. Qui se croit trois fois saint rend sa propre justice ; les lois regardent en lui mais n'y voient rien à défendre. Aussi, comme elles changent et que nous sommes passés de la bête à l'humain et de l'homme au néant à force d'exhausser l'établie capricieux de nos concupiscences ; puisque, sans prendre assise dans le talent de l'un ou le génie de l'autre, nous fusons de Babel tel un trait de terre glaise du cintre de Diane, sûrs d'enlacer Hélios par sa seule volonté de puissance, comme nous perdons notre statut d'homme en giboyant *Dius Pater*[71], ces lois mutantes donnent aux *néantres*[72] le droit de gouverner de la Terre en disposant des créatures s'y replient comme il leur plait, en effaçant, au résumé, ce que nous sommes.

---

[70] Référence à la filiation des deux empires et à la réponse de Jésus aux pharisiens concernant le payement de l'impôt à César « Rendez donc à César ce qui est à César, et à Dieu ce qui est Dieu. » (*La Bible de Jérusalem*, Mat.22.21)

[71] Du latin *dius* (divin) et *pater* (père), dont la contraction donna Jupiter (Dieu des dieux, Dieu du ciel, de la lumière). Traduit littéralement « Dieu le Père ». Wikipédia *fr.wikipedia.org*. Web. 11 Juillet 2017

[72] *(Néologisme)* Contraction du grec *néa ántres* signifiant « nouveaux hommes »

Le péché a su tromper nos saints et grandir le cœur des hommes ; aussi, le besoin de dieu n'est plus dans notre justice. Il suffit d'être humain et doté de raison et le bien et le mal disparaissent comme par science. Nous n'avons, du reste, plus aucun diable au cœur ; aussi, l'horreur ne rebute plus nos braves. Tous les maux que les cieux nous infligent reculent, mais les hommes n'ont plus besoin d'aucune assistance pour ratifier des lois assassines. En somme les hommes se font dieu mais leur usage persévère ; l'histoire se renouvelle dans une révulsion partagée. Dieu, et qu'importe son nom, est la chose en nous qui domine, désire et demeure. Seul celui qui s'en est abstenu par défaut d'idéal ou par trop plein d'idées, seul l'être non certain qui n'a foi pérenne, ni loi absolue, conscient qu'il est mortel, l'accepte saura survivre à dieu, car ne lui dit rien. En gros, battre la coulpe de son éternel est un commandement perpétuel.

Certes, l'unique est rare

L'unique est rare et le rare est tentant, alors nous nous partageons ; entre juifs, chrétiens, musulmans, non croyants, pour être unique en quelque points. Pourtant, la vérité reste la vérité peu importe les cieux desquelles elle descend. Qui plus est, il y a toujours eu assez de soi, de sorte que l'on ne puit être un autre car autrui est toujours déjà pris. Mais il nous est intenable d'être nous-mêmes. Nous vivons dans un monde d'imitation et passons notre ardeur à questionner rabbins, prêtres et imams sur la couleur de Moïse, les amours de Jésus ou les épouses infantes de feu Mahomet, afin d'emprunter leurs destins à défaut de leur éminence. Et selon sur qui l'on s'apitoie, Untel[73] nous est donné pour guide ; il aurait toutes les réponses. Mais Untel est amplement semblable à celui qui indique sa voie. Untel se cherche parmi les fidèles sous qui il ploie et pourtant leur dicte le « quoi ». Il sait le pourquoi du comment des épiphénomènes intimes de chacun de ses valetailles auxquels il figure la galaxie, mais nul ne sait d'où il s'adresse, sinon quelques de ses sous-verges[74], parmi les plus dévotieux.

---

[73] Insérez le nom de la divinité choisie

[74] *(Vieilli)* Employé subalterne. *Cnrtl.fr.* Web. 28 Juin 2017

Tout ce qui change en nos couleurs est la nuance. Le chrétien christianise, l'islam antagonise et le juif divise ; cela est normal. Il s'attache à chacun le préjudice des autres parce que ces effets découlent des mêmes causes. La rue est dans l'église et cela est normal car tout se teint et tout s'attache. L'ici est ailleurs en chacun d'entre nous. Avant l'église était dans le monde, bien que disant ne pas en être, et le monde s'en satisfaisait. Depuis qu'elle l'a quitté, par la force des choses – ces choses étant entre-autre les lumières de la philosophie, puisque l'on nomme ainsi la propension des hommes à se bonifier avec les *mésexpériences*[75] – le monde a pénétré l'église. Celle-ci s'en accommode pour mon plus grand bonheur. Notre mission évangélisatrice peut à présent s'accomplir dans le secret des salles de prêche et sur les bancs des confessionnaux. Le salut est, dit-on, caché dans ces endroits où l'église prolifère sous les yeux éblouis, de la vierge Marie, du saint pater noster, et du petit âne gris du bébé Jehoshua. On peut y voir le malin dans un homme ou deux ; c'est, m'a-t-on dit, normal de l'y voir traîner quand il a de la peine : on loge en son domaine, dieu le lui a livré quand il nous a quitté.

---

[75] *(Néologisme)* Formé sur le modèle de mésaventure

Sérieusement, j'ai du mal

J'ai autant de mal à croire que l'amour entre gens du même sexe n'est pas une déviance que j'ai de mal à croire en celui d'un Yahvé homophobe. J'ai autant de mal à tolérer la sexualité infantile que j'ai de mal à croire que la libido de Mahomet n'était pas du bon vouloir d'Allah. Et pourtant je me donne du mal ; mais il y a un abîme entre ce que je crois et ce en quoi je devrais. J'ai du mal croire que Jehova shalom a toléré la guerre. Mais peut-être qu'il s'est donné du mal lui aussi, autant de mal que moi sinon plus, ou bien il est doté d'une *omnipatience*[76] que l'on a manqué de préciser dans sa parole. J'ai du mal à penser qu'aimer dieu à la demande est censé ; autant de mal qu'à révérer, mais c'est l'histoire d'un autre temps. Percevant encore mal l'intérêt que l'on a d'aimer son prochain, je perçois d'autant moins celui du fils unique de notre créateur à nos démonstrations publiques d'affection. C'est sûrement dans celui de ceux qui nous l'intiment, mais dans le sien, bien moins. J'ai du mal à penser mes offenses effacées et à croire au pardon tel qu'il m'est enseigné.

---

[76] *(Néologisme)* Dérivé de *patience* avec le préfixe *omni-*. Capacité surhumaine à la toute discrétion, satire des caractères omnipotent, omniprésent et omniscient accordés aux divinités monothéistes (principalement à Yahvé).

À divin sacrifice, divine convention : ma dette colossale est devenue néant par la miséricorde de mon rédempteur ; sa déchéance sans faille ne saurait s'attacher à d'humaines conditions. De ce fait, on ne doit qu'à soi-même ce que Christ demande en échange du pardon. L'acquittement messianique imprégnant nos missels et nimbant nos confesses, cette non-omission cousine du remord, ne répare pas le tort ; il n'altère pas le fait mais en annule l'effet. A divin sacrifice, divines conditions. Cette miséricorde ne peut être partielle : dieu ne s'arrête pas où commencent les hommes. J'ai du mal à penser que mon rédempteur vit et passe son pensum, en bon ressuscité, à couler ses vieux os dans l'eau de nos baptêmes et passer ses journées dans nos chambres à coucher. Dieu n'est pas avec nous dans la recréation ; il voit tout, il sait tout et a tout accompli. Il n'est pas dans récréations insipides ; il veille au grain à ne plus rien parachever. Mais honnis soit qui mal y penserait pourtant. C'est par soucis de nous qu'il n'œuvre plus en rien. L'amour, le plus fragile et le moins évident, du pâtre de mon âme, cet émoi si fragile, aussi pur qu'un enfant, donné à tous par un à cause de son nom, brandi mon libre arbitre comme un paravent, si gracile qu'il est, supporte sa justice en nous laissant tomber, parce que tous ont péché[77].

---

[77] « – car il n'y a pas de différence : tous ont péché et sont privés de la gloire de Dieu – et ils sont justifiés par la faveur de sa grâce en vertu de la rédemption accomplie dans le Christ Jésus » *(La Bible de Jérusalem, Rom.3.22-24)*.

Ce qu'est donner

Nous dépeignons un dieu égoïste et borné, sans penser que son omniprésence, son omnipotence et son omnipuissance contredisent sa charité ; prêtons à dieu nos intentions et présumons de sa présence, de ses forces et de sa pensée. Un dieu qui s'ennuie à faire un bonhomme d'argile pour défaire une poupée d'or construite par ses propres soins et nimbée de sa propre lumière. Mes bien chers frères à qui je peine à rappeler que si nous sommes faits de poussière, il est physiquement impossible et logiquement impensable que nous mations le tiers des anges que dieu n'a su ni contenir, ni contenter ; ainsi monté par nos besoins, dieu est un oxymore sur patte, un paradoxe parfait. Aimer le monde comme il l'a fait, c'est choisir où fini sa vie avant de l'avoir entamé, en embrassant ce grand dessin : mourir pour rien.

N'oublions pas que nous sommes un et en ce sens, aider les autres, c'est aussi s'aimer soi-même. C'est décider de décéder sans se sommer de s'assommer. Au fond, mourir sans se saigner c'est embrasser l'idée de choir, sans pour autant s'y essayer ; non sans ciller, c'est insensé, mais s'adonner sans se donner et s'amender sans s'émender car dans un sens ou tous les autres, charité bien ordonnée commence par s'assurer de son bien fondé. C'est dire le mal des gens de bien et trier les bons de l'ivraie si vous voulez. C'est important car sans cela le saint se lasse ; et le salaud voit vaciller celui qui vient à se souiller, ôter le déchet de l'immonde dans un monde en perdition, pour essayer de « paître comme... » et, plutôt que d'être en somme, poindre et péricliter dans le secret de son bâillon. Mimer les douleurs les plus grandes, à quoi bon quand on entend parfaitement des deux oreilles, ou bien se parer de haillons pour habiller son affliction ? Que vaudrait de se défroquer pour attifer son affection ? Si l'on ne diffère le moine du mendiant, est-ce important ? Je dis que non. Et pourtant, bien des Cènes sonnent comme des cymbales circadiennes, mieux que tous les miséreux dont lesdits moines, leurs mécènes, n'entendent jamais les vœux. Ces preux messieurs, ces êtres creux et souvent vieux qui au prétexte d'être pieux s'accaparent le devoir d'avarice et le droit à la charité et qui, ce faisant, nous empêchent de recenser nos jours heureux, sont le poison issu des phantasmes d'un dieu qui aime faire encore plus qu'eux, comme si les généreux lui sont acquis. Je signe et ressasse qu'en somme, ils ne sont acquis à personne.

Grands seigneurs

Je n'ai aucun mérite à m'attaquer au maître[78]. Le maître est mort pour ceux qui le ressuscitent, croyant accomplir par sa mort leur éveil. Il a cru par le sacrifice d'une vie de piété réenchanter la Terre. Triste erreur ! Notre Terre est un jardin de ronces et son roi s'est nourri de ce saint sacrifice. Que votre sang fût bon, grand seigneur, et vos vœux honorables. Mais les hommes n'ont point saisi, ni l'étendue, ni la valeur de votre héritage ; du cœur qui, s'étant répandu sur le monde, a nourri ses conflits et ses guerres. Vos apôtres, seigneur, sont morts sans avoir pu attester de votre vécu ; témoigner de la sagacité de votre perception et la rectitude de vos jugements : votre vérité est venue d'autres plumes. Et le reste, les cerfs[79] des vassaux qui chantent à présent vos louanges parce qu'ils en ont eu l'instruction, ainsi dressés ne sont qu'ornements ; que des

---

[78] Confusion de l'image du maître évoqué dans « Eloge d'autrui » et de la figure christique, s'apparentant autant à celle du Bouddha qu'à celle de Socrate, du fait de l'universalité de leurs caractéristiques métaphysiques.

[79] Le cerf est l'un des animaux le plus représenté dans les mythes et en religion ; Ronsard le disait *« porteur d'une forêt de symboles »*. En effet, ses bois évoquent le bois du calvaire porté par Jésus et la ramure à dix cors du cerf représente les dix commandements. David en fait mention dans son Psaume 41 : « comme un cerf altéré cherche l'eau vive [...] ». Il est le symbole du Christ quand il apparaît aux saints et il fut l'emblème des rois désireux de montrer leur foi et leur allégeance au *dieu unique*.

récipients vides. De tristes héros tant avides de vie qu'ils en viennent à adorer la mort elle-même pour qu'elle les épargne. Qui, pour être au séjour des morts semblables à votre majesté, répandent leurs malheurs sans conscience de votre déplaisir, et bradent tous les biens valables de vos terres sans soucis de votre bon vouloir. Telle est la profondeur de leur soif, parce qu'ils craignent le séjour des morts. Mais leur soif est éprouvée parce qu'ils sont arides ; ils suent car ils craignent les étangs de feu. Parce qu'ils sont malades, ils envient votre corps glorieux, qui ne peut plus souffrir, sans connaître les terres que ce corps a nourries. Et alors, assurés de jamais mourir, ils affirment ne pas avoir peur. Et c'est vrai : ils ne peuvent ! Pas parce que la mort n'est plus, mais parce qu'elle leur est rendu préférable. Et pour asseoir leur trône, pour consolider dans leur esprit malade la recherche du royaume, ils nous veulent fiers sujets ; nous veulent nous, fiers fidèles. Pour asseoir leur folie en nos âmes, ils nous rendent la vie plus facile et nous promettent monts et merveilles dans le séjour des morts. Mais la mort n'est esclave de personne ; pas même des grands seigneurs. S'il sied à la mort de les garder en vie c'est parce qu'ils savent se faire aimer d'elle comme seul un mort devrait savoir le faire. Le seul récit d'un seul d'entre eux qui, s'en allant, s'est souvenu qu'il lui restait à faire ici ; ce seul récit d'un revenant qui se dit dieu, oint, trois fois saint, est-il assez pour tout risquer ? S'il vous plait, faites ! Mais, puissiez-vous héros mourir en grand seigneurs. Héros, moi, votre frère par le sang vous l'intime : mourez sains mais vivez maîtres.

SURSAUTS ET FULGURENCES

Sursaut et fulgurance sont deux mouvements. Le premier nous sortant du sommeil, et l'autre nous portant vers la plume. Le premier, nous tirons ces dernières dedans nos oreillers, et l'autre, les plongeons au fond des encriers. Cela sans crier gare, quand on entend une chose exquise, qui s'attache à notre mémoire. Exquise parce que courte et pourtant si intense qu'elle déjà réveille en nous des élans qu'on s'ignorait porter. Puis, qui l'idée conquise, foudroie notre corps, changeant ces élans en un sens et celui-là en un pas dont après le revif il ne demeure plus trace ; à peine un filament coincé sur un rebord d'une fenêtre du monde, dont l'accès est à jamais fermé, mais que l'on souhaite à jamais garder entrouvert, couché sur le papier. Versés sur les feuillets, si l'on a de la chance, gira entre nos doigts un sursaut d'espérance, menant hors l'ignorance en révélant au monde une vérité pérenne.

Odeurs de sainteté

Vous empestez la putrescine. Que des hommes tout en volume se couvrent de cadavérine n'a de cesse m'ébranler. Qu'ils se verdissent l'abdomen pour mimer la thanamorphose me laisse pantois, voire révolté. Mais, je laisse faire ; quand même les saints que l'on enseigne ont l'odeur âcre de la mort. J'ai soucis de ne point blesser votre foi. Alors, quand bien même les imiter c'est en mourir, je le conçois. D'antan, le souffle en ma poitrine avait des accents bucoliques, mais il se sont éteints, hélas. Mes litanies se sont fanées, pâmées sous le manteau d'opium dont les paroisses sont parées. Mais, quand bien même j'en désespère, je laisse aller. Plus vos essais sont nombreux, plus votre puanteur est grande, mais si là est votre joie, je dirai que dysfonctionne. Ce, quand bien même vous et moi sommes nimbés de cette senteur semblable à celle que bien des hommes ont bannis de leurs défunts moyennant moult décorum et malgré moult chagrin. Que des canaris inhabiles s'essayent à en siffler la lie, que les poulailles se laissent plumer par les bouchers les plus hostiles, que ces pigeons pataugent encore en ces marais vert méconium, certes au grand dam d'un seul homme aimant suffisamment leurs chants pour les pousser à ses dépens au-dessus de ce bon dieu même, me laisse sans voix. Sait-on seulement qui le premier a laissé la trace morbide qui n'a de cesse de suinter sur le chemin de nos apôtres ? Combien de lunes ont-elles coulée dans les mausolées de leur Christ ?

Alors, certes je dysfonctionne, oui j'ai un grain, mais cette folie a fleuri dans ma poitrine pour me permettre d'oublier cette atmosphère pestilentielle. Je ne veux pas partager le tombeau de saint Pierre, je veux être des miens quand ils quitteront les séjours de leurs habitations pour rejoindre le séjour de morts. Et je voudrais que l'on m'estime de mon vivant par mon ouvrage, non mon lignage ou mes quartiers, avant que quelque paradis ne vienne enfler ma vérité comme on a grossi bien des saints pour en masquer la platitude ; que l'on fasse d'avantage que porter témoignage de mon ramage ou de mon cachet. Donc s'il vous sied que je m'exprime, et par devers moi tous les anathèmes qui ont quitté comme vous – c'est-à-dire par la même évasure – le séjour de notre mère l'église, souffrez que se fasse le silence des morts que vous n'avez de cesse d'encenser.

Seule demeure

En temps et en nation chrétienne, la religion est un devoir, une obligation passagère. La renier est un passage obligé ; la refondre, une affaire nécessaire. Il doit en être ainsi des cultes : tout comme le nourrisson s'amuse à recracher son repas, l'homme instruit selon la foi que nourrit alors ses pairs doit avec minutie goûter d'autres morales, embrasser d'autres visions du monde, expérimenter sur la durée et dans un cadre protégé d'autres méthodes, afin d'être en mesure de reprendre ses frères et les instruire convenablement. Que toute parole qu'il dira alors soit éclairée des lumières d'un monde extérieur, étranger à leurs cieux ; un monde jamais visité, afin que si son culte cesse et si périt sa foi, les paroisses et patries qui les ont abrités leurs survivent. Il va de soi qu'imams et prêtres étant sous-tendus par les mêmes mécanismes de fléchissement – l'un ayant simplement sur l'autre l'avantage de s'être émancipé de la nécessité de montrer qu'il plie – chacun montre ses impressions de leur expérience mutuelle. On pourrait, par exemple et par ce fait, sans penser que l'avènement d'un moment islamique au sein d'une nation d'humeur judéo-chrétienne serait le pis, supposer avoir suffisamment soupé de la première conviction pour souhaiter que ne revienne pas le supplice sous d'autres traits plus orientaux. Les religions sucrent les sociétés. Elles se dissolvent dans leurs lois et leur indique une conduite douce et agréable tant qu'elle est incontestable. Nul ne saurait s'en détacher sans comprendre leur influence, sachant que ne dépend de soi que ce qu'on sait de cette emprise. Voilà pourquoi ma synagogue est sans savoir qu'aucun de ses cailloux n'est saints, et je blasphème à force d'essayer de dire, sans les ouvrages qu'elle contient, comment se nomment nos demeures et les piliers que l'on soutient.

Seul martyr

L'inimitié entre les hommes et les évangiles n'a cessé de croître. Mais en dépit de son inculture, de son incroyance et de son scepticisme exacerbé, du nombrilisme croissant et de l'égocentrisme sous-jacent des hommes de la grande masse, l'homme est demeuré l'ami du héros et du martyr, qu'il salue d'un hourra sympathique pendant qu'ils se dévouent et qu'ils souffrent pour une idée épique, un principe onirique, une illusion d'optique. L'homme salit d'un « holà ! » celui qui accompli sa besogne, et *l'endemain*[80] n'a plus qu'à récolter les fruits de son travail ; puis, salue encore le martyr à qui – seulement s'il s'en est décemment allé – il élève un hôtel que ses descendants profaneront. La stèle est inversement proportionnelle à sa béatitude car l'instant où les hommes préfèrent les héros, c'est en proie à la peine ou à peine le hardi froidi.

---

[80] *(Ancien français)* Plus tard agglutiné en lendemain, devenu « le lendemain »

Je reviens devant vous

Je reviens devant vous, le dieu que j'ignore, effacé à force de croisades, de traites et de razzias ; vous, le dieu qu'appeler par son nom est passible de mort ; vous, le dieu dont les feus me dévorent, dont j'ai souillé le nom glorieux, pour demander la grâce épargnée pour mon bien par l'enfant qui contient dans sa main en plus de l'univers, la clef de mes tribulations ; je reviens adjurer cette chose fragile que porter la foi envers et contre nous a voué à la crucifixion. Je reviens devant vous que nul silence ne saurait habiter pour demander parole au change de mon âme. Si tant est qu'elle existe et j'ai cours à vos yeux, accomplissez mon vœu.

Pardonnez-moi, mon père, de mander sans décence, comme vous pardonnez ceux que j'ai offensé. J'ai pêché. J'ai eu l'outrecuidance de penser que le corps dont vous m'avez doté n'était pas le plus beau, le plus grand, le fort ; de penser que mon dessein d'arter[81] et savoir témoignait de mon iniquité et non de mon altesse. J'ai péché ; non par mépris mais par méprise, présumé de ma nature et déprécié mon héritage. C'était le fait du diable en moi. J'ai gommé ce défaut pour vous être semblable. Non que je ne le puis en demeurant un homme, mais si l'humilité s'avérait la prémisse de quelque perfection, alors, aux yeux des dieux les plus parfaits, aucun d'entre eux ne

---

[81] *(Néologisme)* Faire de l'art.

le seraient. Or, je suis grand, fort, et plus que vainqueur par mon nom et votre grâce. C'est pourquoi je m'en viens vous rendre mon esprit. Pour alors, j'ai bien assez d'un corps pour durer. Quand demain j'aurai cessé, par les-vôtres ou ma volonté, j'en aurais peut-être besoin dans l'éventuelle éternité. En attendant, tout ce qui est en moi respire et je le garde.

Ce que je considère

Ô combien magnifiques sont les destins tragiques ! Pendant que je m'abreuve à la source du gai savoir, je contemple ma vie et mes autres, coupable, mais bien moi, pourtant si pieux, artisan de tant de malheur, imposteur, mais bien là, pourtant si pur, responsable de tant de peine. Gloire à ceux qui ont changé le monde, qui l'ont amélioré comme dieu se reposait, et honte à moi, critique opposant à dieu la médiocrité de mon existence. N'aurait-il pas été plus utile de fermer mon clapet et d'agir à mon rang pour les meilleurs du monde, peut-être, mais je devais savoir. Car il est écrit que l'homme ne vivra pas de pain seulement, mais aussi de toute parole qui sort de la bouche de son dieu, et de ceux qui ont bâti sur sa carcasse un nouvel édifice pour mieux œuvrer après sa mort. Joie donc, à ceux qui s'affranchissent de leur réalité, ou qui, conscients de son vouloir, la font plier à volonté. Comme j'aimerais vivre aussi librement qu'eux ! Mais, il m'est impossible de ne pas courir éloigner de vos bouches le pain de vos cieux, de vos lèvres le verre de vos pontes. Je vous le dis en vérité, gardez les idées claires, l'œil ouvert et moquez-vous des prophètes ; riez des médecins de la foi. Riez de moi donc, et moquez-vous de vous car vous riez de moi. Car toute vérité est instable, le réel est indifférent, seul le rire est véritable. Pour ma part, à présent, de toujours et peut-être à jamais, c'est à cela que j'œuvre : toucher la perfection. C'est parce que les hommes ignorent qu'ils besognent à même elle qu'ils s'en vont chercher auprès des dieux la parcelle de cervelle qui, peut-être, leur manque.

Illuminé, vous dites !?

Illuminé, vous dites, quand j'attire le regard sur nos failles et les dangers de nos politiques. Faut-il être un illuminé pour penser qu'un homme qui affirme, rieur, que s'il lui était possible de le faire, il vous ôterait la peau pour doubler son manteau, mais tout de même... Que cet homme-là ne ment pas ? Vous auriez beau le dire, à la vue de l'hiver, même au nez de l'automne, vous n'oseriez point rire ; vous guetteriez ! Guetteriez car peut-être, tout en vous répétant « mais tout de même, tout de même voyons... ». Le second degré que vous appelez à votre défense est l'arme des pitres. Votre nez rougit-il du fait que vous en êtes, ou est-ce l'ivresse vous éteint ? Où je vois des moulins, vous concevez des hydres. Je saurais l'expliquer si vous sentiez le cidre. Au pays des soulards, chez nous, tout le monde boit mais à soucis de rincer sa gorge. Quand on parle on retient la picole, comme on dit. Les gros mots, voyez-vous, n'aiment pas les bouches sèchent. Mais chez vous, chez les sages, on ne tient pas l'abus. Pourtant abus vous êtes ; le sang vous monte au nez. Qui est l'illuminé ? Non monsieur, ces paroles, ce n'est pas que du vent. Au contraire, c'est un feu. Il suffit d'une brise pour que sa braise embrase les arbres de vos forêts urbaines. Il suffit qu'un nuage de sa fumée s'égare, puis retombe pour recouvrir de suie nos idées. Nous aurions beau courir dans ces forêts obscures, seuls n'en ressortiront que des illuminés.

À dieu, c'est mieux !

Singulière assertion que de dire : « Mon dieu est le meilleur et nul autre n'est vrai ! ». C'est un peu comme de dire : « Etant donné mon père, tu devrais obéir et devenir mon frère ! Après tout, qui n'a jamais rêvé de quitter ses appuis, sa famille, pour entrer dans les ordres, voire, un peu, la lignée, d'un parent plus suprême que celui qu'il possède ? » Ce discours qui, à première vue, peut paraître enfantin est pourtant symptomatique du schéma de penser du propagandiste religieux de base. Tout évangile est un cas de cours d'école sur le visage duquel chaque éphélide est un prophète et chaque cocard un jihad. Tous ces enfants jouent au lance pierre sur un chemin pavé de mines et touchent là un œil, là un bras, là une jambe, mais on leur pardonne volontiers. Ils sont enfants. Quand ils grandissent, ils font plus mal, pensant soigner le mal qu'ils font, mais on tolère. Pour quelle raison ? Quand chacun touchera les mines après avoir détruit les ponts nous empêchant de nous enfuir du chantier de leur explosion, nous passerons comme un seul homme. Cela n'est qu'une question de temps. N'attendons pas qu'il soit trop tard. Je vous dis à dieu, c'est mieux !

La grandeur est une question d'échelle

On mesure un esprit à la taille de son dieu et on mesure un dieu au poids de son fidèle. La chose est des plus regrettable, à mon sens. Car les dieux les plus grands sont aussi les plus abominables, et leurs lois comptent au nombre des plus abjectes, des plus objectales. Aussi, je suis heureux quand une tête bien faite ne s'accable point de tous ses préceptes douteux – seraient-ils corrects – et qu'il apprécie les esprits suivant les lois et droits de l'homme. Cette envie de s'en affranchir est aussi besoin de sagesse ; cette envie de savoir, insatiable besoin de comprendre, de recherche de vérité, l'oppresse. Aussi, je suis comblé quand, malgré la doctrine, les garde-fous ne l'aliènent – une garde-folle qui est la doctrine elle-même, cette bête question d'échelle.

Poussières divines

Étranges ; les rapports du chrétien à la divinité. Singuliers en ce sens qu'il demeure en lui une volonté de puissance coupable ; le désir de ressembler au Christ dieu en s'inscrivant dans la lignée du fils de l'homme. Pourtant, l'homme n'étant que la pâle esquisse d'une création parfaite, enfuie dans son désir, que dieu croqua à même la terre, toute tentative de celui-ci de revendiquer sa divinité, bien enfouie dans son corps de poussière en prière, est poursuite du vent. Selon lui, l'homme est poussière d'un or qui doit s'humilier devant son créateur ; un pantin d'argile possesseur de la Terre qui a autorité sur les bêtes et les biens essentiels à la vie de chacun, sauf la sienne. Il devrait s'affranchir de ses biens pour survivre, pour suivre son dieu au royaume des cieux. Aussi, voici, cet homme est écartelé entre sol et ciel, baladé de terre promise en terre promise. Pendant que son esprit aspire à s'élever au-dessus de tout homme et de certaines déités, son corps adoré lui rappelle comme il n'est que poussière. Ses péchés, ses penchants, ses pulsions, ses passions, et tous ces termes en « p », et tous ces termes en « sion », qui affolent les chrétiens mais dont ils raffolent, sont le fardeau pesant de leurs esprits captifs.

Notre façon d'aimer

Ne nous plaignons jamais de qui ne nous aime pas ; non de qui simplement nous déplaît. Ne les aimons ni plus ni moins qu'ils ne nous aiment. Non parce qu'il faut opposer à leur mépris un degré d'indifférence égal, ni pour garder ces ennemis auprès de soi, mais pour conserver le droit de les condamner. Car après tout, qu'est-ce que le rejet ? Se plaindre de ne pas être aimé des gens que l'on aime, c'est insinuer qu'il faudrait qu'on nous aime en retour du fait que nous aimons. En raison de quoi ? Sait-on seulement aimer ; de quelle façon, dans quelle mesure on est en amour ; quelle est sa nature et quels sont ses effets ? À quel point faudrait-il qu'on nous aime pour que l'ego en soit satisfait ? L'éternel oriental a un jour affirmé qu'il faudrait que l'on s'aime autant qu'il vous aima. Pour le peu qu'il m'inspire, j'adhère à cette parole. Aimons-nous, vous et moi ! Quoi qu'il vous en coûte et quoi qu'il vous soit fait. Aimez-moi plus encore, quoi que ma main vous matte ou mon pied vous piétine. Peut-être vous châtie-je, du fait que mon cœur exprime à sa façon une passion brutale. Aimez-moi plus enfin, même si je vous déteste, pliez en silence sous le poids de ma détestation. Vous fidèles mortels, à genoux de lui et moi-même. Quand même je vous domine, aidez-moi également. Je veux être plus haut, grimper sur vos épaules ; que vous me portiez toujours plus vers ce père, à la cime du ciel depuis l'an zéro, et qui régnant sur nos terres depuis le siècle mort. Cent fois plus grande sera votre récompense si en fidèles modèles vous prenez soin de moi.

L'homme du monde et les gens d'un seul livre

Je ne renierai pas mon histoire. Ni l'histoire des autres hommes du monde, dans laquelle je m'inscris, ni celui que je suis, car ensemble nous sommes le sel la Terre. Je ne renierai pas autrui. Car peu m'importe le salut de mon âme ; si la sienne périt, j'aurais failli. Mais j'honnirai les gens du livre car leur vision ne se limite qu'à celui-ci. Je médirai des gens d'un seul livre, qui n'en auront que faire, car ils sont hors du monde, et donc, hors de la vie. Si tous les gens de ces seuls livres, pourtant conscients de leur état de servitude, mais convaincus par qui sait quel esprit, qu'il convient aux humains de ramper, si tous ces gens pensaient avant que de oui dire, au prétexte que c'est écrit, ils s'avoueraient ne plus savoir ce qui en eux s'attache à croire, du fait que se convertir, c'est perdre la notion du moi. Ils sont les lois qu'ils représentent et la grâce qu'ils attendent, les dogmes qu'ils perpétuent et les docteurs qui les amendent.

Nous, gens du livre, soyons honnêtes. Nous sommes incapables d'agir sans nos ouvrages, et c'est à peine si nous pensons au-dedans d'eux. Il nous est préférable de, scinder le fruit de nos esprits, morceler l'âme du monde, que d'accepter le monde pour ce qu'il est : un seul nous et plusieurs autres sans lesquels il serait unanimement fade. Si parfait que nous pensions ce que dieu a créé, si beau et si bon, nous en excluons les hommes quand nos écrits le dictent ; nous en excluons les actes qu'ils posent, voire le bien qu'ils font. Ils nous paraissent abominables, dès ce moment. Nous, encore, ne les acceptons qu'à condition qu'ils soient passés par les eaux de nos consécrations les plus creuses, les plus caricaturales. Nous, pourtant, voulons qu'ils croient aveuglement en notre jugement et renient ce qu'ils sont. Rasera-t-on tous les monts sous prétexte qu'ils défigurent la Terre ? Heureux l'homme du livre qui sait quand le fermer.

PENSEES ET
CORRESPONDANCES

À mes amis

Avec tout mon amour

Mes amis, je vous aime ! Je vous ai aimés dès le premier jour et vous aime plus encore à mesure que le temps passe. Je reste là, quelques instants, immobile à l'endroit de nos souvenirs et respire votre parfum, votre joie. J'hume ce que je peux le temps que l'espace s'est arrêté, m'apprêtant de nouveau à reprendre le large ; voyager vers d'autres horizons. J'entends n'entreprendre que pour vous mes amis. J'ignore encore ce qu'aimer veut dire, mais j'aimerais n'aimer que pour vous. Mes compagnons, mes prochains, mes futurs, comme je vous aime, je pense ; comme je pense vous aimer. Je lève mon verre une fois ou deux à tous ces bons moments ensemble et à ceux que nous passerons à mon retour, j'attache nos aspirations. J'espère en vous bien plus que je n'espère en l'être suprême ou en l'âme de la Terre. Je souvent, chaque matin, me réveille soulagé qu'elle ne soit écroulée sous vos pieds et, chaque soir, prie le ciel pour qu'aux matins suivants, je vous retrouve pareillement sains et saufs. Je ne suis pas, pas sans vous. Tant que vous plaira ce que je suis, que je sois aimé ou haï, nanti ou démuni, tant que je suis, encore et toujours, par vous et pour votre bonheur, mes amis, je resterai celui qui vous aime.

Je m'en viens vous quitter

Mes amis, je vous quitte ! Mon pied me démange et mon trantran me gêne ; je ne puis plus rester ainsi assis à mendier votre pain. Mes amis, je vous laisse ! Mes mots et moi partons vers le désert. Je suis les mots où mon cœur les entraîne et sans penser je traîne, une part de vous dans l'âme. Croyez que je pense à vous pendant que je déambule et sachez que si les mots n'en débordaient, de vous mon cœur serait plein. À mon cœur défendant vous me manquez souvent. Il, ce cœur, n'ayant de cesse de battre au rythme de nos distances, s'étire et se déchire à la mesure du temps qui fuit. Voici je m'élance vers le désert. Que seuls vos regards et vos vœux m'accompagnent ; point de peine et de lamentations. J'aurai pour vous à mon retour d'inouïs récits à profusion, de vieux souvenirs à la pelle, et des mots ; treize à la douzaine. Et qui sait, ce qu'à dieu ne plaise, j'aurai peut-être dans ma besace une lettre de lui à la place.

Je reviens par la présente

Mes amis, je viens de loin et je porte avec moi une nouvelle de notre seigneur. J'ai tendu l'oreille à sa parole, prié pour que mon discours le contente, et voici, perdu dans le désert, il m'a répondu. Son cri perça les nuées par-delà les dunes jusqu'à mon oreille. Et sa voix me disait : « Vois, mon fils ! Toi qui désires tant que je m'adresse à tes frères ; qu'as-tu donc à leur donner de la part que j'ai faite tienne ? N'as-tu donc rien à donner de ta personne pour que tu reviennes, toujours en recherche après autant d'années, m'ôter à mon sommeil ? Qu'as-tu fait de ton jeune et bel âge ? Vois, mon fils ! Quand j'ai pourvu les fleurs d'un soleil, c'était pour qu'elles en usent ; de même, je t'ai pourvu de raison. Qu'as-tu fait qui soit de ta raison et non de mon esprit ? » J'ai répondu à cet appel. Notre entretien dura quarante jours et quarante nuits ; quarante jours où dieu but mes paroles, s'arrêtant quelques fois pour dormir ou quand le murmure des prières des hommes était trop insistant. Et en ces quarante nuits de pleines lunes, sous ces quarante ciels étiolés, dieu se tut. Ces mots et ces mots seulement j'entendais : « Vois mon fils ! [...] ». J'ai pensé alors tous mes mots pour vous et voici, ils étaient un fleuve d'eau vive, une source de joie. Quand enfin je repris le chemin de la ville, j'attachais mes mots à ma ceinture et son serment à mon cou. J'eusse voulu que dieu s'exprime au travers de moi comme je m'adresse aujourd'hui à mes frères, mais dieu toujours met un miroir à l'endroit déformé des parties de mon visage, et c'est cela que je vous offre.

Ce que j'attends de vous

Ainsi je vous le dis en vérité, cela ne suffit-t-il point de se gaver d'ordures ? De se nourrir des restes qui tombent des tables des nobles après que les chiens même aient passé ? Vous avez sali vos vêtements, froissé votre dignité. Que les hommes se lèvent et viennent souper avec moi à la table du maître ; qu'ils ne regardent plus à la terre, se croiraient-ils encore propres à y rester souffrir, à s'offrir aux grands d'après ce monde et mourir. Car si on levait un porc de la terre pour l'installer à table, quel en serait le sens ? Comment le porc saurait il égayer les convives sans avoir à ravir leur palais ? En vérité je vous le dis, c'est un homme que l'on assoie à table et ce sont les bêtes grasses que l'on porte à sa bouche, comme pour honorer les princes, car pour rassasier les rois. À ceux qui ne peuvent se lever qu'on apporte les civières. Ils ont gardé le sol si longtemps qu'ils ont perdu l'usage de leurs jambes. Il leur faut à présent, pour marcher de nouveau, se relaisser porter par leur propre désir, et ne plus regarder à celle-ci pour contempler leur seul devenir, comme la pierre a marché sur les eaux de la mer en regardant à dieu et coulé de ne pas avoir cru en ses jambes.

Ma conviction profonde

Tels sont les mots de l'esprit qui me possède. Quand j'ignore pourquoi l'esprit me suit, je ne l'écoute point ; mais si l'esprit que j'ai me dit que je devrais, l'esprit que je possède me dit sa demande, alors, comme il connaît mon esprit et mon esprit le sait, j'entendrai sa requête et je suivrai sa loi. Comme les mots de mon cœur et de l'esprit s'accordent et puisqu'ils ont œuvré à mon bien, comme le cœur et les esprits en moi, je désire ardemment accorder vous et moi. Puissent le cœur et l'esprit de mes frères, comme moi n'être qu'un et battre ensemble sur le même mal – celui qui nous divise – et marcher ensemble sur le même pouvoir – celui qui nous opprime. Puissent le cœur et l'esprit de mes frères être enfin apaisés, puissent le cœur et l'esprit de mes frères être unis en vérité.

Bel ami

Aux gens de biens

Je m'étonne de la capacité de certains à dire le mal en gens de bien. Me surprend plus encore leur incapacité à concevoir d'idée en dehors des limites de leur foi. Je m'étonne de la capacité de ces hommes à recréer du sens par la juxtaposition de non-sens mineurs et d'exagérations minimes, et à faire de mots sensés des mots de rien. Dans tous les sens des mots qu'ils usent, il n'y en a pas, qu'ils utilisent, un seul qui sied à ce qu'ils disent. Du mot « hasard » au mot « destin », des mots sûrs aux plus incertains, aucun n'est vrai. Ils sont, ces mots, sinon en continuelles reformes, toujours en procès. Pourtant, à bien des égards, ces mots ne sont que le moyen d'habiller l'impuissance de l'homme devant ce qu'il ignore ; un moyen parmi d'autres de faire état de l'inéluctable. Le rapport profond qu'entretien l'évidence avec l'improbable est à tous pour le moins analogue à celui du destin au miracle : est « destin » ce qui doit advenir et « miracle » qui aurait pu être autrement. Cependant, peu chaut à ces gens-là. Fussé-je sortie les yeux clos – pour exemplifier ma position ; – là, dehors, n'aurais-je pas trouvé pendant la demie heure, une auto qui se serrait éprise de mon pied, ou bien un lampadaire esseulé désireux d'affection, ou un mur bienveillant

m'indiquant d'un singulier baisé le terme du chemin me menant
à l'endroit d'une maison ? Ici un lac ou là un homme amer qui
me voudrait du mal ou bien qui me voudrait simplement ? Est «
destin » ce qui doit advenir, « miracle » qui pourrait arriver
autrement ! Nous n'avons pour seul choix que d'accommoder
nos véracités, que de rendre nos mondes parallèles, nos univers
semblables, notre réel unique ; que d'œuvrer dans une entente
mutuelle à sa préservation, cela étant dans l'ordre des choses,
cela étant comme ça. Quelle idée que de considérer ce qui est
étranger irréel ; que – pas si loin de soi – les uns pataugent en
plein delirium et les autres en plein déni de réalité ? Quelle idée
d'être à soi le seul sain ?! Ce que dictent les doctes domine mais
nous, séditieux, nous rêvons d'un monde qui y incite, et prions
pour son avènement car prier, à l'instant, est dans nos habitudes.

Aux irréfragables turfistes

Le Noroît, le Suroît, l'Alizée et la Bise nous ont sous leur
emprise. S'emmurer n'en annule aucunement les effets. Je sens
les quatre vents qui m'animent et m'emmènent, alors, comme je
perçois ces arkhès, ces principes premiers, je suis déterminé.
Cela n'est pas un mal. Ce terme est entre mes mains un concept
vide et malléable ; j'en ferai ce que bon me semble et
m'enquerrai de vous à la fin de mon ouvrage. J'ai conscience,
mes chers, que je n'ai le monopole ni du savoir, ni de la

clairvoyance. Cependant, ne suis-je point parvenu, en quelque part de ce long recueille, à dépeindre avec un certain succès vos agissements ? Voici, j'y rends au sang sa cavalière la chair que vous menez en votre enfer pour lui donner la vie et la forme d'un esprit à la nature vilaine. Celle-là même dont votre sang bouillant et vos cœurs rongés par de multiples râs bleus refusent de se vêtir. Je rends au destin son éternel retour, son évidence. Quand vous jugez mes mots selon vos proprets sens, ayez à la conscience, très chers, que je n'ai pas votre histoire. Quand vous condamnez à votre volonté la ferveur de mes maux ou la longueur de mon silence, l'indécence de mon trait ou la fureur de ma conscience, gardez à la mémoire que nos regards diffèrent. Dans votre bouche, tous les mots de la mienne sont moult tentations, des occasions de chute. Dans mon regard, la vôtre est scellée ; scellée au fruit de la science, scellée au fruit de vie.

Vil félon !

Si votre dieu est si juste, si votre dieu est si grand, comment alors permet-il que celui qui enseigne aux siens la chasteté se dévergonde ? Des baisers, des embrassades, des attouchements, des accolades, de-ci de-là, comme en cascade ; est-ce cela que vous appelez l'amitié ? Ce soir la faim et la soif ont ajouté à la haine le dégoût et je ne vous vois plus que comme vous êtes ;

êtres sexués, j'ai compris votre supercherie. Vous cachez votre énorme sexe sous vos grands habits de moine et attendez que l'on vous offre une oreille où poser votre semence. Il est fort gros votre appétit mon seigneur ; il transparaît sous votre soutane. Je pardonne volontiers aux sans conviction, mais je n'ai aucun respect pour celui qui les emploie à cet usage ; tromper. Je relis d'un trait toutes mes lignes, me souvenant ému votre visage béat et votre air penaud. Comme vous donniez à l'instant l'impression d'aimer ça plus que dieu. Fût-elle le diable en personne, vous brûleriez, et moi avec vous dans votre désert. Pauvre fou, riche merde, triste escroc, beau puceau, piètre causeur. Excusez ma vigueur ; vous n'êtes qu'un enfant mais il faut rentrer en votre corps à la force du verbe un esprit à sa taille. Cela ne ferait pas mal si votre cerveau n'était pas si noué. Alors priez et souffrez sans cesse en silence. Souffrez que je vous rappelle ce que vous devez et priez que votre dieu vous pardonne de n'avoir pas trouvé l'idylle adéquate. L'amour sans chair lui est si cher ; ne saviez-vous les jouissances chastes ? Elle était des enfants bien aimés de votre seigneur ; ne saviez-vous que dieu, à sa manière silencieusement singulière, condamne de profiter ainsi de sa progéniture ? Alors priez sans cesse et souffrez en silence, le temps de votre repentance.

À *votre dos*

Vous dites que je n'ai pas inventé l'eau chaude. Mais messieurs, ce n'est pas sans savoir que vous non plus et que vos connivences avec les temps zéro, c'est-à-dire hivernaux, terribles pour l'esprit, vous grippe jusqu'aux os que je vous en ai pris. Certes, je n'ai pas inventé l'eau chaude ; mais que j'en donne un seau ne vous empêche pas d'en user. Ce n'est pas avec votre dos que je désire discuter ; mais reconnaissez que l'objet de votre culte n'est pas plus que cela (un objet) autrement, nous ne pourrons poursuivre. Je ne pousserai plus avec vous ni chanson ni conversation, mais prierai cependant que dieu vous fasse la vie belle. Allez ! Déposez donc votre morale et parlons d'âme à âme. Changez deux secondes votre fusil d'épaule le temps de me serrer la poigne. Vous savez qu'autant que je méconnais votre dieu, j'ignore le mal. Si vous redoutez que je vous en fasse, prenez avec vous votre épée de la foi ; j'aurai avec moi le bouclier de ma raison. Je ne crains point la brûlure du trait de vos lames ; pourquoi redoutez-vous ma raison ? Mes émotions sont simples et mon propos est exempt de haine ; pourquoi vos sursauts sont-ils empoisonnés ? Cachez votre venin ! Pourquoi vouloir recoudre les poches percées d'un habit qui ne pourrait porter rien d'autre que du sable ? Ce livre est un désert dans lequel une voix s'élève – la voix étant en tout point semblable la mienne – pour vous dire que tracer une ligne entre nos perceptions ne changera ni la grandeur du désert, ni la teneur du sable, et que raffistoler votre veste pour empocher propres propos, qu'empêcher les miens de vous porter n'apportera pas plus d'eau à votre moulin. Peut-être avez-vous vrai : c'est un service à thé qui galope sur mars et de sombres ratés galochent sur la Terre des seins siliconé en priant que Saint Pierre, pour l'amour de leur mère, ait l'extrême obligeance de les y faire entrer quand les verront canner leurs coquettes mamans dans les bras malheureux de leurs tristes amants ; si les biens et les gens cent fois plus miséreux humblement se laissent faire par des colporteurs d'or, des cloportes d'airain devant lesquels, une fois que les prêchoir sont clos, le Vésuve lui-même pâlirait en ardeur, c'est qu'ils adorent le son qu'ils font en rotaillant. Mais dans le doute écoutez-moi, car l'inconcevable hypothèse qu'à votre dos je tambourine est chargée en bien des aspects du poids de nos erreurs passées.

Des querelles qui ulcèrent l'église

J'aimerais vous dire des paroles plus douces qui vous conforteront dans votre ascension, avoir avec vous des sourires coupables devant le mal que vous rendez à ceux qui vous blessent, mais je ne saurais vous laisser vous fourvoyer dans la voie que vous entendez poursuivre. J'ai pris votre défense toujours ; souffrez un instant que je vous contredise. Au nom de dieu, je vous implore, mettons fin aux querelles qui nous ulcèrent. Loin de moi l'intention de nous réconcilier. Je n'ai pas le projet de céder sous vos coups. Pourtant, il me plairait d'enterrer nos discordes et de laisser couler sur nos plaies respectives, le contrepoison de notre religion. Ce plaisir, j'ai faim de vous le contaminer. Après tout, l'imperfection est le lot de l'humanité. Et si je suis assez habile pour éveiller quelque passion en notre sein, c'est peut-être que d'aucuns ressentent secrètement le besoin de s'en émanciper. Alors, laissez que l'on s'évade une courte journée de nos humbles cavées, le temps d'un congé sacerdotal qui nous ouvrira les voies d'un monde qui nous dépasse, dont nous rapporterons les secrets. Car comment convertir ce qu'on ne puit comprendre. Je sais votre haine du profane assez grande et pressante ; assez pour qu'elle vous couvre et vous défende. Mais la haine de l'homme juste frappe son porteur avec deux fois plus de justesse et de sévérité que sa cible la plus méritante. Alors, à combien plus forte raison vous qui savez qu'aucun impair n'est le fruit d'un seul homme ? Si même il faut que je me taise, moi et ce mot qui vous pèse, j'y consent tant que, de grâce, vous faites comme j'ordonne. Aimer, dieu lui-même point ne vous y oblige. Je crains que l'homme ait su se rendre détestable aux yeux du pauvre diable même. Et cependant, non moins détestable que notre attitude à son égard, quand il s'égare de nos devoirs. Vous avez, de bonne guerre, critiqué ma personne. Et pourtant, je ne compte pas au nombre de vos plus fervents détracteurs, loin s'en faut. Je ne suis pas des gens que votre compagnie horripile. Seulement, je compte bien ne rien sacrifier à votre délusion. Si je critique les tendances prophétiques, la logique évangélique et sa doctrine générale, si je critique les guerroyeurs et les railleurs, les critiques et les discours religieux tendancieux, si je critique l'orgueil de l'homme et les dieux oisifs, c'est aussi pour vous. Mais si vous vous voyez en que je dénonce, c'est avec un profond regret que je vous annonce que je vous combattrai sans répit. Car il n'y a, à mes yeux, rien de plus affligeant que votre fourvoiement.

À tout celui qui doute[82]

Il est aisé de voir, en une eau qui s'agite, remuer un ange ; d'y imaginer dieu. Mais les vagues sont le jeu des serpents et des sirènes ; des bêtes à écailles des mythes éculés, des bêtes écaillées des histoires ancestrales. C'est Amuia Ata[83] qui bat

---

[82] Texte inspiré de l'Évangile selon Jean, chapitre 5 versets 2-4 « Or il existe à Jérusalem, près de la Probatique, une piscine qui s'appelle en hébreu Bethesda et qui a cinq portiques. Sous ces portiques gisaient une multitude d'infirmes, aveugles, boiteux, impotents, qui attendaient le bouillonnement de l'eau. Car l'ange du Seigneur descendait par moments dans la piscine et agitait l'eau ; le premier alors à y entrer, après que l'eau avait été agitée, se trouvait guéri, quel que fût son mal. » *La Bible de Jérusalem*, Éditions du Cerf, Paris, 1955

[83] Divinité du culte Vodoun, originairement pratiquée en Afrique sub-saharienne et répandue dans les caraïbes et aux Amériques suite à la traite négrière occidentale. Elle est souvent associée aux sirènes de la mythologie scandinave (mi femmes, mi poissons) à cause de son statut de déesse mère des eaux et du procédé par lequel elle enlève au hasard, dans son royaume aquatique, les gens passant près de la berge, qui, s'ils trouvent grâce à ses yeux, retournent sur la berge, à sec, avec une intelligence spirituelle renouvelée et un pouvoir de séduction qui se reflètent dans leur regard et leur assurent la santé et la fortune.

l'eau de ses bas quand on en descelle une ; non pas Raphael qui descend de scelle. Et puis, dans tous les cas, il faudrait plonger sa main dans l'eau du bassin pour en être bien sûr ; ne pas avant crier au miracle. Quitte à prendre le large, autant savoir nager et si l'on sait la nage, autant se mettre à l'eau.

Mais les esprits s'égarent dans les eaux tumultueuses et la vérité varie selon qui la voit. Qui plus est quand on peut palabrer des heures durant sur qui agite l'eau, et non douter qu'elle bouge. Aussi, quitte à aller au lac autant qu'il soit paisible, quand même le doute est sain. Soyons seulement sûrs d'une chose : n'être pas immobiles. Parce qu'agiter l'eau est parfois la condition du miracle ; l'ange est parfois Bethzatha. La vérité n'est pas un état permanent ; il y a mille et une façons de la faire mentir, milles et deux de la contourner. L'erreur est humaine autant qu'elle est aisée. L'homme ne trouve la certitude que dans le sillon de ses erreurs ; la vérité est très souvent dans l'ombre du marcheur, d'où sa nécessité d'en douter.

Plus que douter de soi il est nécessaire de laisser douter de soi. C'est là l'utilité du dos de ce marcheur : son ombre abrite son prochain penseur et réduit la distraction de celui-ci. S'il est une chose qui se doit partager c'est bien la connaissance, que chacun peut porter c'est bien la vérité, et s'il est des personnes que l'on se doit d'aider ce sont ceux qui l'apportent, car ils ont eu la diligence de ne pas la garder pour eux-mêmes. Une telle démarche mérite récompense.

Angoisses

Naissance

Dans un calme si froid que les ondes marines ont toussé le long des berges des échos d'Antarctique que les mouettes muettes sont seules à goûter, dans un calme si pur qu'il est tombé des vagues une douleur profonde que l'écume a roulée dans un blanc-seing champagne, pendant que je poussais un long matin d'automne, un matin monotone que l'orage entamait, dans le sein solennel de ma triste matrone, je suis né pour la durée des temps. Et pourtant, je refuse de mourir. Certes, j'ai l'assurance de naître de nouveau, mais la façon de ma mort m'effraie. S'il venait que je tombe soit ma dernière demeure, je voudrais au préalable avoir accompli ma vie. J'aimerais à l'avenant trépasser sans souffrance. Quoi qu'il en soit, je chéri ce sentiment. Après tout, c'est aussi parce que la mort me gêne que je ne puis ni ôter la vie sans nécessité, ni la donner. Je n'ai trouvé sur Terre que très peu de raisons qui peuvent le justifier et celles-ci tendent à disparaître avec les hommes qui les ont. Je n'ai pas l'avantage d'espérer survivre à mon décès, alors j'entends mener une vie convenable. Si Christ me connait et m'appelle par mon nom, je n'en sais ni les voies, ni les dispositions. Aussi, je reste perplexe devant ceux qui prétendent parler en son nom. Sachant le nombre de saints qui n'ont pas connu Christ, voir dans les œuvres de leur vie autant d'affirmations me désarme. Comment peuvent-ils aimer ce dont ils ignorent les contours, quand Christ est dans les mondes qui dansent à la lumière des foyers métaphysiques ? J'entends connaître avant que d'adorer et comprendre avant que d'adopter. Certes, il n'est pas évident d'être loin de la grâce – non pas de celle de dieu mais de ceux qui l'entendent, mais que serait la vie chrétienne sans protestation.

Apocalypse 22:22

On me dit que quand dieu reviendra réclamer son église, les chrétiens par la foi le suivront dans son dernier essor ; que ceux de confession ayant cru, comme ma pomme, que Christ a pu avoir, tous ces millénaires, mieux à faire que de s'occuper de ses enfants resteront, consumés en guise de châtiment. On me dit qu'ainsi parle l'éternel : « je vous le dis en vérité, malheur à vous hommes de raison, à vous qui cherchiez des preuves, vous qui ne conveniez entre vous que de sujets évidents. Voici, la Terre est vidée de vos justes et mes fidèles et les pires créatures du ciel, se lèvent pour vous asservir. Voici venu votre ultime épreuve. Aucun d'entre vous qui aura gardé la raison ne saurait y survivre, mais en qui naîtrait la foi, à qui apprendrait à aimer sa douleur, on offrira une cabane dans le ciel. Car après les anges et les martyrs, tous vos aveugles ont occupés les strates supérieures de la cité céleste ; mais dieu dans sa miséricorde vous offre un tiers supplémentaire, bâti sur les ruines de vos anciennes croyances. Sachez qu'il ne saurait y avoir plus d'âmes que de maisons et que périra tout le reste de votre espèce. Vous serez des anges dans le ciel et vous ferez périr ceux qui auront vécu sans la mort. Éprouvez la foi des plus instables, mettez à mal leurs plus costaudes convictions. Qui trouve cela déraisonnable, celui-là périra. Car ils ont eu le choix de mourir de leur vivant ou souffrir de leur mort et ils ont choisi la vie. »

Renouveau

Combien de fins du monde ont passées, échouant à semer la méfiance chez le fidèle et la conviction chez l'incrédule ? Que sait-on de la fin sinon qu'elle s'éternise et que l'éternité n'éteint pas le désir de chacun de céder à la fatalité. Je me réjouis d'y avoir survécu, que l'enfer m'ait été épargné, et suis des plus heureux d'être las de rapporter ces Armageddons. Cela tiendrait du fait que mes prières ont atteint le père, je n'en serais qu'à moitié dérouté. Après tout, les rédemptions ne sont que des concessions déguisées en adhésions qui se font au prix de précédentes convictions et au profit de futures déceptions. Je dirai même qu'elles. Si l'on s'y dupe, justement, c'est en raison d'Armageddons trop souvent disculpés de la superstition que commettent ces fausses terreurs à la suite. Je ne suis pas mort, donc, et serait-ce de l'extrême onction d'un *pasgod*, d'un *noël* ou d'un *allenien*[84], que l'effarement me frôlerait à peine. J'ai fait souvent l'économie de ses prophètes quand je disais à dieu mes doléances, du coup, je me questionne : l'amour de dieu est-il suffisamment grand pour me pardonner cette offense ? Notre bon dieu m'étreindra-t-il ? Souillera-t-il son torse de mon blasphème malgré ma désobéissance ?

Devant les rois le respect s'impose. Dieu est roi mais tout le respect que je lui dois n'est pas cela qu'il m'ordonne. Il désire, pour l'amour infini qu'il me porte, qu'à défaut de réciprocité, je parvienne par d'autres procédés à le redouter ; que je consente à le servir au détriment de ma personne pour qu'il prospère de ma démence. Ah, mon doux possesseur ! Mes châtiments font face à sa miséricorde, mais sûr qu'il me battra avec amour et qu'il me pardonnera en échange de ma liberté, j'accepte volontiers qu'il sévisse. Mais en attendant la fin, parce qu'on ne sait jamais ce qui pourrait advenir de ma repentance au prochain jugement dernier, un beau diable nettoie ma cellule. Puisse dieu me faire grâce dans son immense miséricorde.

---

[84] Trois dérivés d'une tendance très évangélique à lire des signes dans un rien, « par la juxtaposition de non-sens mineurs » comme j'ai pu l'évoquer, les signes étant ici l'absence de dieu, sous-entendant systématiquement la présence du diable.

Que devient-il, ce dieu, quand son monde le renie ? quand tous ses mortels sont passibles d'enfer ? Nous enverra-t-il un christ, un autre, ou seront nous tous jugés coupables de ne pas avoir compris des mots qu'il n'a jamais prononcés ? Très souvent, trop souvent l'action de notre dieu se réduit à se regarder les orteils en priant pour notre salut. C'est le mieux qu'il ait trouvé à faire pour ne pas que se contredisent toutes les pensées que lui prête sa création ; les yeux fermés à sa droiture pour oublier nos penchements.

Ce roi des rois a le pouvoir sur la mort, ce roi des rois est immortel, mais son christ de fils est mort empalé sur un crucifix. Certains disent même ce christ des rois irréel. Le christ des nations, lui, a vaincu la mort. Ce christ est éternel et les rois des nations s'en réclament et s'en servent mais en le crucifiant de plus bel. Ne serait-ce dommage que nous mourions avec ou de crier son nom ? Je ne compte plus le nombre de martyrs et d'illuminés, de nations ravagées, de christs vaincus, de démons érigés en sauveurs, de chimères érigées en valeurs. Si les choses s'éternisent ou si le pire en procède, avoir cours est anodin. Alors si nous vivons, faisons-le pour que tout cela change et que jamais ne meurt aucun roi, car nous serons et rois et vainqueurs. Ainsi cela sera !

Résurgence

Se faire une idée juste avant d'interagir et agir quand le temps n'est plus à être aidé, se faire à l'idée qu'on n'y peut rien et chuter, et puis, réessayer. Ce me semblait être des choses apprises au temps de l'innocence, par les bons et les vilains, main dans la main. Depuis quand oublie-t-on ce qu'une encre tenace a gravé de pensée comme une crème tassée tachant des ensembles qui, par trop fripés, à plus rien ne ressemble ? J'en suis désespéré, j'en suis sombre, mais j'ai l'idée d'écrire et en cela je fais ; je vais mieux même et surtout quand mon monde s'effondre. Quel est votre bouée ? Qui vous retient au monde ? Y avez-vous seulement songé ? Moi, je répondrai : vous ! Simplement, je vous ai ! C'est par vous que je reviens au monde de si loin que j'en tremble encore. Le saviez-vous ? Saviez-vous qu'à présent je m'endors sans peine grâce à vous ? Qui eut cru que pour n'être plus mort à ce jour, il fallait une main amicale. Dans vos mains le secret de la vie éternelle se dévoile. Si je suis si serein, ce n'est pas que les muses ont guéri ma douleur, ce n'est pas que s'éloigna le monde. J'ai appris à tomber dans vos mains avisées, solides et passionnées puisque le monde est vous.

Crépuscule

Dieu est amour, soit ! L'homme ne l'est pas ! Qui a fait de l'amour une occasion de haine ne peut être l'enfant du sacré et du renoncement. Ne l'est pas qui a troqué un humain contre du sel ou l'a vendu pour un minerai, qui détenait le fusil le tenant enjoue ou le fouet le tenant en respect, ou qui détenait l'homme ou la plantation qui l'exploitait. Ne l'est-pas qui l'a tué pour dieu. Ne l'est plus qui est pis ; qui suit, applaudi, ri et vomi sur commande, non parce qu'il en éprouve le désir mais parce qu'il en pressent l'injonction. Ne l'est plus notre Terre toute entière et peut-être moi-même ne le suis-je pas. Finalement, mon problème est sûrement de ne pas assumer la nature que je porte en projet, pour laquelle je me bats. Car quand bien même je sais que mon attachement à vous et à votre milieu nous lèse l'un et l'autre, nuit à ma conception du monde et à votre idée de ma personne, je ne sais par où y mettre un terme. Pour sûr, je trouverai, mais tant que j'attends dieu je prie le susnommé de protéger tous ceux qui valent aux yeux d'un autre. Il y a trop de matières à effusion de sang, à l'école de ma vie. Je prierai pour vos vies de multiples pécheurs. Mais seulement si vous priez qu'il pardonne le monde et se faisant me pardonne moi.

Envie d'envol :

Le ciel commence où le bonheur s'apprête. Il est le début de l'inédit, la réponse à tous les mystères, *l'infiniterrogation*[85] qui sacrifie au seul devoir de dominer l'immensité du firmament, et ce faisant, de couronner les songeries, cristalliser les espérances, marquer le déclin de la veille et le regain du matin. Il est l'être dépourvu de démence, adamantin devant l'entrain de ses prophètes et les élans de ses savants mais content de considérer leurs contritions ; celui qui tout à la fois réfute les sources de l'obscur et les fondements de l'infinitésimal. Il est le refuge du loup aux abois, de celui qui a soif et de celui qui boit ; la seule raison de l'adhésion de ceux qui le déconsidèrent aux cultes de l'indifférence et du silence bienveillant de l'atmosphère ; celui qui, fini et codifié selon ceux qui l'ont diffamé, s'afflige dans son sanctuaire. Les intentions des habitants de ce morceau de cauchemar à la dérive et sans motif décantent dans sa froideur et nous descendent distordues selon celui qui les acquiesce. C'est l'empêcheur de ma liesse, le réverbère de mes suppliques, astreignant mon assomption à sa toute domination sans la moindre observation de ce qui en moi lui dis non.

---

[85] Néologisme par composition : interrogation infinie.

Me départir de ma planète et me remplir de l'air du vide est mon désir le plus intense. Aussi j'entends m'en approcher par la voie de l'inspiration. Bien que n'étant pas l'éternel, j'ai les traits de l'éternité. Aussi j'aspire à apprécier l'immensité de mon silence dans le secret. Je suis la lisière de l'aube, j'apporte le grand matin. Aussi l'unique conception qui puit être au-dessus de moi est la ponctuation finale qui parachèvera ma vie.

DES DIEUX ET DES HOMMES

Preuve de la non-inexistence de dieu

« Quel est donc camarades la raison de la création ? Pour quel motif dieu a-t-il pu se résoudre à créer ? Quel mobile l'a impulsé ? Quel désir lui prit ? Quel dessein a-t-il formé ? Quel but a-t-il poursuivi ? Quelle fin s'est-il proposé ? » Sébastien Faure, Douze preuves de l'inexistence de dieu.

La réponse aux propos hautement rhétoriques ci-dessus rapportés, en plus d'aller de soi, varie – comme elle devrait – en fonction du sujet qui remet dieu ou la création en question. Par exemple : avez-vous des enfants ? Quelle est donc camarades la raison de la procréation ? Pourquoi donner naissance ? Après quoi courrons-nous ? Quel mobile nous impulse ? Et cela à quelle fin ? Si cette seconde série aussi casuelle que la dernière vient souvent la justifier, c'est qu'il y a entre les pieux et les dieux auxquels ils se subordonnent des rapports domestiques et désordonnés échappant à toute logique qui ne serait astreinte aux mêmes certitudes. Et si tant est que l'on parvient – en des termes que je ne sais – à faire l'impasse sur l'illogisme auquel le cadre nous oblige, la solution à ces deux séries de demandes n'en demeurera pas point discrétionnaire. Aussi, que nul ne connaisse les dessins du seigneur est une évidence, car nul ne connaît le seigneur. L'humanité dans sa configuration actuelle est le produit de siècles de discorde entre les « surhumains » que nous étions jadis, qui perpétuent la tradition du combat au travers de leur descendance, condamnés par leur nature à tendre vers une complétude qui leur échappe un peu plus à chaque entre-temps de l'histoire[86].

Dieu est la chose en nous qui domine. Il est autant à l'image de l'homme qu'à celle que l'homme se fait de lui. Autrement dit, dieu est un homme et – s'il a pour prénom Sapiens – ne peut être tout puissant. Convenons-en ! S'il est convenu que dieu est homme – et l'homme un dieu accessoirement – envisageons qu'il soit une femme ou du moins qu'il en ait l'organe, comme pourrait le démontrer sa semaine de gestation. Cela aussi nul ne le sait. Nous dirons donc qu'il est les deux pour contenter ceux à qui ces questions de genre importent plus que les seuls faits. Non que je vieille les opposer mais, à mon humble avis, la question n'y est pas. Dieu n'est pas tout puissant, disais-je, car il élabora le monde en six jours et se reposa, car il lui fallut six jours pour l'élaborer. Ajoutons qu'il n'est pas le temps et pas plus en dehors du temps qu'il n'est au-dessus de l'espace, car avant que le monde ne fût, dieu se mouvait par-dessus lui, car que sa création soit bonne ne lui est pas évident.

---

[86] L'Histoire est une succession de plateaux et de peintures dont les actants, le ton, les traits, et un peu trop souvent l'attrait dépendent des plumes et des pinceaux qui la dessinent. L'écrire avec une majuscule revient la plupart du temps à mettre à l'index ses courants les plus impopulaires parce qu'assujettis à une audience hostile. Dire « l'histoire » ne relève pas seulement d'une passion pour la minuscule, mais aussi pour la précision.

Dieu doute de lui, donc dieu peux se tromper, donc dieu n'est pas parfait.

Dieu créa la représentation de notre monde, ou, peut-être même, interpréta la création comme étant la représentation de sa volonté, agença les éléments de sorte qu'il eut un soir et un matin ; mais tout comme la parole était avec dieu, le monde l'était également, l'endroit de sa promenade. Son esprit se mouvait au-dessus des eaux à la plus lointaine des origines que l'on ait pu constater, à la plus belle aube que l'on ait pu fantasmer. Mais il manga longtemps du fruit dit de la connaissance – le plus déprécié de son esprit – et se gorgea de vie. Il en manga en quantité n'ayant pour s'occuper que sa parole et sa pensée. C'est la raison de son omniscience présumée. Les humains n'ont en joui que momentanément, d'où leur science obscurcie, d'où leurs capacités amoindries, d'où leur vie raccourcie. Dieu est un « surhomme », les dieux sont la surhumanité. On peut se réclamer d'Isaac ou d'Ismaël, de Bouda ou de Baal, il n'est pas bon de parler au nom du dieu divin car nul n'en a plus ni le pouvoir, ni la proximité.

Dieu agit suivant les lois de l'univers qu'il maîtrise et, suivant elles, créa l'homme à son image, donc sexuel. Les humains dont nous sommes familiers sont issus des jouissances solitaires d'onanistes très-hauts fécondant tour à tour chaque carré du globe, mais je suis d'avis que l'Afrique ancestrale, aux peuples comme aux dieux volages, a vu s'unir entre eux sols et cieux.

D'où tous les « surhumains ». Ces « surhumains » au sang mêlé ont sévi parmi les nations en des temps où les dieux étaient acquis aux mortels et les mortels étaient éternels.

Il est moult raisons pour qu'un dieu se retire mais très peu pour qu'il intervienne. Adam de Jehova su tromper pour un temps l'ennui du créateur et Ève, son épouse, trompa sa solitude. Ils furent faits l'un et l'autre pour sa délectation mais malheureusement, le fruit de leur désir tua son frère cadet parce qu'il lui cachait une part du soleil. Mais comme un homme qui blesse un homme est un dieu qui se tue, alors dieu se pardonne et le monde continu. Les atrocités de la guerre continueront jusqu'au siècle où les dieux s'éteindront, sauf s'ils font que les hommes s'aperçoivent auparavant comme il est vain de se battre pour eux.

Condition de la non-inexistence de dieu

« Au commencement était l'idée et la volonté ; et le vouloir était compagnon de l'idée, et l'idée était la volonté. Pour satisfaire son vouloir, l'idée créa le sens ; pour que le sens eu un but, l'idée créa autrui, et pour que l'idée et le sens demeurent ensemble, elle les scella dans un même corps. »

L'idée sans la matière est sans sens et l'idée sans autrui est sans but. L'idée usa du verbe pour créer la matière ; une matière qui se recrée et pense, et, en créant la matière, elle fit sens de sa volonté. Et pour faire sens de la matière, l'idée créa autrui ; autrui était matière. Pour qu'ils demeurent ensemble, l'idée créa le corps. Si dieu est le moyen par lequel l'homme fait sens de ce qui lui advient, autrui est le moyen par lequel dieu fit sens de ce qui l'entourait ; autrement dit, la notion d'autrui est divine. Et comme l'autrui de l'idée est un homme, l'idée ne saurait subsister sans prendre corps aussi.

Dieu est la chose en nous qui désire. L'idée créa le corps dans la volonté de faire sens de ce qu'elle désirait la matière. Il fut obligatoire que dieu se fasse chair pour comprendre les hommes ; autant qu'il le fut, pour qu'il les désire, qu'ils ressemblent à dieu. Le corps étant le moyen par lequel dieu vient à la matière et l'idée vient au monde, affirmer que le but de la matière est de révérer l'idée, que le monde n'a de sens que s'il révère dieu est dépourvu de logique. L'idée étant indissociable du corps, révérer l'idée reviendrait à révérer le corps. La matière lie l'idée et le sens dans la seule volonté de créer du lien à autrui et le verbe en est le moyen. Le sens étant dans l'autre, toute matière n'a de sens qu'en reliant les hommes. Le seul but que cette matière se donne, ce seul désir, désir de faire sens et de persistance, d'être lié et de préservation, est propre à toute espèce de la Terre.

La parole est le moyen de l'homme, par lequel il s'exprime. De ce fait, la seule façon que dieu soit complet est qu'il soit doté du verbe aussi – moyen par lequel il crée le lien – et de la volonté de faire sens de toute la création. Ainsi, du fait que l'on confonde, soit l'idée et le verbe, soit l'idée et la volonté, deux conceptions de l'idée découlent : dans la première, l'idée est entendue comme la sainte parole de dieu, et dans la seconde, elle l'est en tant que manifestation de la volonté divine. L'une (la première) suppose l'immobilité du dogme dans sa transmission et l'autre, un éternel mouvement qui tout en le dépassant en préserve la quintessence.

Si l'on conçoit l'idée comme moyen, on la nomme religion ; si elle l'est comme une finalité, on la nomme dieu. Privilégier au moyen la finalité, c'est courir le risque de le supplanter car si la religion, si le lien, est un frein à la spiritualité, c'est-à-dire à l'idée pure, à l'idée par elle-même pour son propre plaisir, elle perd sa légitimité. Autrui n'est plus autrui mais autrui devient l'autre, l'étranger, le mécréant, tel le bras dont on se coupe pour garder le corps sain. La religion sert et unit les hommes avec les hommes et dieu unit les hommes à l'idée, c'est-à-dire l'idée avec elle-même, ou, selon la confession, une parcelle de l'idée (l'esprit du dieu présent dans l'homme) à sa totalité, voire à son origine, en tant qu'elle est omniprésente.

C'est cela que je nomme la genèse des choses. Ce que je postule, c'est que la matière se suffit à elle-même et que, dieu étant matériel, l'idée est un moyen de sa suffisance. Tout est une question de balance ; du penchant tendancieux de l'intégrisme sincère en phase avec lui-même, qui en supprimant autrui supprime l'écart, à l'*immouvance* conservatiste qui en supprimant l'écart supprime autrui et tout changement qu'il lui puit apporter, il n'y a que trop peu d'ouvertures et pas assez de liens dans l'édifice fragile que nous nommons croyances, que sont nos religions.